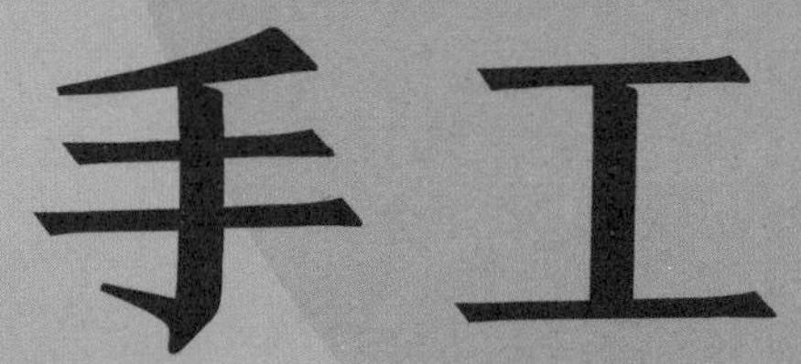

手工

（第2版）

刘丽新　厉育纲　编著

清華大學出版社
北京

内 容 简 介

本书为“十二五”职业教育国家规划教材修订版。“手工”是学前教育专业中不可缺少的课程之一，课程本身具有极强的专业特色，它不仅有先进的教育理念、系统的知识结构，而且有前卫的艺术视野、灵活多样的形式，同时还将幼儿发展与艺术审美、艺术表现紧密地结合在一起。本书立足理论与实践结合、岗前与职后结合、艺术实践与儿童发展结合，并列举了很多手工实例。本书配套微课、课件等教学资源，扫描书中二维码即可使用。

本书既适合学前教育、美术教育、小学教育等专业的学生作为教材使用，也适合在职幼儿和中小学教师学习和参考，还适合非学前教育专业毕业、现从事幼儿教育职业的转岗教师使用。

图书在版编目(CIP)数据

手工/刘丽新，厉育纲编著. --2 版. --北京：清华大学出版社，2023. 10（2025. 1重印）
ISBN 978-7-302-63266-5

Ⅰ. ①手… Ⅱ. ①刘… ②厉… Ⅲ. ①学前教育—手工课—教材 Ⅳ. ①G613. 6

中国国家版本馆 CIP 数据核字(2023)第 057945 号

责任编辑：张 弛
封面设计：刘 键
责任校对：李 梅
责任印制：丛怀宇

出版发行：清华大学出版社
网 址：https：//www. tup. com. cn，https：//www. wqxuetang. com
地 址：北京清华大学学研大厦 A 座 **邮 编**：100084
社 总 机：010-83470000 **邮 购**：010-62786544
投稿与读者服务：010-62776969，c-service@tup. tsinghua. edu. cn
质量反馈：010-62772015，zhiliang@tup. tsinghua. edu. cn
课件下载：https：//www. tup. com. cn，010-83470410
印 装 者：三河市龙大印装有限公司
经 销：全国新华书店
开 本：210mm×285mm **印 张**：13 **字 数**：374 千字
版 次：2015 年 2 月第 1 版 2023 年 11 月第 2 版 **印 次**：2025 年 1 月第 2次印刷
定 价：59. 00 元

产品编号：089377-01

第2版前言

党的二十大报告提出要坚持以人民为中心发展教育，加快建设高质量教育体系，发展素质教育，促进教育公平。同时提出要推进文化自信自强，铸就社会主义文化新辉煌。手工艺术与其他艺术门类一样，不仅需要继承优秀的传统文化和技能，还需要在新时代文化背景下推陈出新，开发出适合当下高质量育人需要的新目标、新内容、新教育方式以及创造性的表达方法。

传统手工教材多以动手为主，把技巧训练作为培养人的核心目标，从而忽略了知识的传递、综合能力的培养、实践应用与创新意识的培养等。这样的育人方向显然不符合教育部出台的《幼儿园教师专业标准(试行)》中对教师的要求。

本书作者通过认真学习领会《幼儿园教师专业标注(试行)解读》及《幼儿园教育指导纲要(试行)》实施细则，理清育人目标与职业需求的关系，并对北京市近40所一级一类幼儿园教师做了手工能力及课程内容方面的调查。在上述基础上，大胆革新和完善了手工课程内容，将原有教学法及技巧运用巧妙结合，以点带面，使教材既有职业教育特征又有专业特色，使之更适应新时代的教学模式和人才培养的需要。

手工课程与民间手工本位不同，本书不以培养专业手艺人才为方向，而是以丰富多样的手工表现形式为基本途径，更多关注人的综合能力的培养和塑造。本次重新编写教材，是要更加凸显育人核心目标，即培养具有审美意识、具有情感体验和表达能力、具有责任心和美好理想等目标的全面型人才。

本书再版过程对内容进行了以下创新。

(1) 更全面地诠释了手工课程的融合性与创新点。注重强调“综合、融合”理念，突出知识融合、技法融合、材料融合、艺术形式融合，体现了培养新型人才应具备的知识结构。同时强调基础知识、基本技巧的学习，注重学习方法和良好习惯的培养，引导学生在不同的艺术主题中学会发现问题、分析问题和解决问题。本书与其他手工教材相比较，不仅重视技能和实操能力的培养，更注重人格的塑造与发展，探索艺术活动与个体成长的关系，从人性的本质规律入手，进一步完善了课程的结构和体例。

(2) 增加了理论与实际结合的环节，补充了儿童美术活动的实际案例，填补了理论与技法脱节的沟壑，使学生在实际工作中更容易适应环境的需要，更有利于学生的职业成长。

(3) 增加了同类教材中缺失的关键部分——从材料入手，探索艺术活动各环节的价值。本书以实际生活为背景，链接智力、创造力、自我认知与艺术，让学生在愉悦的情绪中不由自主地完成艺术的自我实现。

(4) 考虑到幼儿的能力特点，加入一些带有思维训练特征的游戏化课程内容，目的在于引导学生思考知识技能向实用性转化的方法，便于更好地将所学知识运用于未来教学实践。

综合上述，本书主要特点如下。

一、依据“理论联系实际”的原则，遵循职业学校学生的认知规律和特点

强调基础知识、基本技能的学习，注重创造能力和审美习惯的培养；注重引导学生思考、探索课内内容与拓展部分的链接，使其在学习过程中掌握学习和探索的方法，具备不同视角看待问题的能力，具备灵活的思维模式。

根据职业学校学生的认知规律和发展特点精选内容，以理论研究为依据，加强基本技能训练，以儿童美术活动内容为链接，学会知识迁移和拓展的方法，突出教学内容的实用性。结合高职院校的教学条件，体现科学性、综合性、融合性、趣味性的理念。

二、坚持实践与分析总结，精讲与多练结合的教学方法

实践与分析总结是理论与实践结合的较好方式，精讲与多练是将教学内容拓展、创造和实操的体现。在这个过程中教师与学生之间、学生与学生之间可以实现互动教学，强调教师主导与学生主体的角色重要性。在每一个实践环节之后，教师要引导学生学会分析和总结实践中存在的规律，从而获取学习和探索的方法。

三、高度重视实践教学环节

本书还设置了主题创意模块的内容，即按主题深入探索与多方式呈现，用于调动学生的积极性，并从态度、意志力、人格特征、创造力、解决问题的方法、创造结果等方面进行整体性科学评价。

通过主题创意模块，突出教师主导与学生主体相结合，强化学生的实践能力和职业技能培养，提高学生处理实际问题的能力和学生的学习主动性。通过主题创意模块，帮助学生学会沿着主题创意思考，并引导学生将主题创意内容与幼儿园主题活动进行比较，提高提炼和总结的能力，最终掌握探索主题的方法。

四、树立素养观念，培养健全人格

手工教育与其他艺术教育一样，是情感教育、素质教育的重要途径。本书与自然、社会、文学、艺术及其他相关知识链接，引导学生从多个角度感受不同的文化和情感，借助学生感兴趣的艺术形式及艺术语言，达到完善学生个体人格的目的。

党的二十大报告提出要建设教育强国、科技强国、人才强国，并做了重要部署。教师是教育高质量发展的第一资源，是科技自立自强的关键支撑，是人才队伍建设的重要保障，贯彻落实党的二十大精神需要打造新时代高质量的教师队伍。本书意图从教育教学中探索和实践如何育人、育什么样的人、用怎样的形式更好地育人等课题，不辜负国家对教师及教育的期待。

本书再版过程中要感谢北京市顺义区张红、郭立娜、张福建、石岩，大兴区樊淑敏、陆薇，房山区王永涛，山西省介休市魏雅丽等对幼儿园艺术课程内容调查分析工作的支持和建议。同时感谢李菲、杨学玲、皮晓旭、王雨萌、李珊等提供的相关信息和作品。还要感谢顺义区北小营幼儿园、顺义区宏城幼儿园、顺义区澜西幼儿园、顺义区空港幼儿园、顺义区高丽营幼儿园、蒲黄榆幼儿园、首都师范大学学前教育学院附属幼儿园、丰台区一幼、大兴区十二幼、大兴区三幼等多所幼儿园的支持和帮助。最后感谢邢海天为本书制作了微课视频。

编　者

2023年5月

教学课件

第1版前言

培养具有创新能力的人才，是《国家教育事业发展第十二个五年规划》中对人才培养的具体要求之一。艺术实践课程是培养个体创造力和创新能力的有效途径之一，但艺术创作中的创造与创新和社会需要的创造与创新有所不同。因此，必须引导学生学会探索创造与创新的基本方法和规律，将艺术活动中的创造方法和创新途径迁移到解决实际问题中。

以往的手工教材单纯强调技法训练，忽略了知识和能力的培养，从而使"技能"的外延和内涵萎缩，只有"技"没有"能"。参编人员在认真学习领会新教学标准精神、学习《幼儿园教师专业标准（试行）》、学习《幼儿园教育指导纲要（试行）》实施细则的基础上，在对北京市近四十所一级一类幼儿园教师手工能力及课程内容调查后，革新和完善了手工课程内容，开发出这本能反映职教特征与专业特色的教材，使之适应新教学模式和人才培养的需求。

在本书编写的过程中，注重强调"综合、融合"理念，突出知识融合、技法融合、材料融合、艺术形式融合，体现培养新型人才所具备的知识结构。同时强调基础知识、基本技巧的学习，注重学习方法和良好习惯的培养，引导学生在不同的艺术主题中学会发现问题、分析问题和解决问题。本书与其他手工教材相比，不仅重视技能和实操能力的发展，更注重人的塑造与发展，探索艺术活动与个体成长的关系，从人性的本质规律入手，进一步完善了课程的结构和体例。

本书增加了理论与实际相结合的环节，增加了儿童美术活动的实际案例，填补了理论与技法脱节问题，使学生在实际工作中更容易适应环境的需要，更有利于学生的职业成长。本书还增加了以往同类教材中缺失的关键部分：从材料入手，探索艺术活动各环节的价值，以实际生活为背景，链接智力、创造力、自我认知与"高贵艺术"，让学生在愉悦的情绪中完成艺术的自我实现。

综合上述内容，本书主要特点如下。

一、遵循"理论联系实际"的原则，体现职业学校学生的认知规律和特点

强调基础知识、基本技能的学习，注重创造能力和审美习惯的培养；注重引导学生思考、探索课内内容与拓展部分的链接问题，使其在学习过程中掌握学习和探索的方法，具备不同视角看待问题的能力，具备灵活的思维模式。

根据职业学校学生的认知规律和发展特点，做到精选内容，以理论研究为依据，加强基本技能训练，以儿童美术活动内容为链接点，学会迁移与拓展的方法与途径，突出教学内容的实用性。结合高职院校的教学条件，体现科学性、综合性、融合性、趣味性的理念。

二、坚持实践与分析总结结合，精讲与多练结合的教学方法

实践与分析是理论与实践结合的较好方式，精讲与多练是教学内容拓展、创造和实操的体现，过程中教师与学生之间、学生与学生之间可以实现互动教学方法，强调教师主导与学生主体的角色重要性。在每一个实践环节过后，教师要引导学生学会分析和总结实践中的普遍规律，从而获取学习和探索的方法。

三、高度重视实践教学环节

设置"主题创意模块"，调动学生积极性，并从态度、意志力、人格特征、创造力、解决问题方法、创造结果等方面进行整体性科学评价。

通过“主题创意模块”，突出教师主导、学生主体结合，强化学生的实践能力和职业技能培养，提高学生实际处理问题的能力。通过“主题创意模块”，让学生考虑如何沿着主题创意思考，并引导学生将主题创意内容与幼儿园主题活动比较，提高提炼和总结能力，最终掌握探索主题的方法。

四、树立道德观念，培养健全人格

艺术教育是情感教育、道德教育的重要途径。本书与自然、社会、文学、艺术及其他相关知识链接，引导学生从多个角度感受不同文化和情感，借助学生感兴趣的其他艺术形象及艺术语言，达到完善学生人格的目的。

五、有针对性地设计主题探索活动

本课程是一门实践性较强的通识课程，用主题探索模块不仅可以巩固所学知识与方法，真正加以理解、掌握及运用，实现教学标准规定的培养目标，还能学会迁移和拓展，既能提高学习效率，还能激发学生的学习兴趣，提高学习主动性。

这本书得以与读者见面，要感谢首都师范大学学前教育学院王建平、李莉、张峥、杨兆舜老师对本书撰写工作的支持，感谢清华大学出版社相关工作人员的通力合作，感谢首都师范大学初等教育学院杨小琴老师提供的第六章第三节的精美文稿和图片，感谢北京市顺义区冯军老师、通州区王彦惠老师、密云区赵春红老师等给予的编写意见和幼儿园艺术课程内容调查的分析工作，感谢幼儿园张爽、王宁、薛佳、丁然、李萌、周扬、刘鑫、李庆利、魏艳月、吴海月、韩爽等老师提供的相关信息和作品，感谢建设部幼儿园、丰台一幼、首都师范大学学前教育学院附属幼儿园、大兴二幼、大兴三幼、大兴九幼、大兴西红门幼儿园、海军机关幼儿园、青塔幼儿园、三里屯幼儿园等多所幼儿园的支持和帮助。

编　者

2014年1月

目　录

掌握手工课程的基础并了解和探索材料

在视觉空间艺术中，材料一直扮演着重要角色，是视觉符号的物质载体。长久以来，虽然空间视觉艺术家一直在探索艺术材料在艺术表现中的可能性，如西方绘画中的蛋彩画、油画、丙烯、水彩、水粉画，东方绘画中的水墨、岩彩、重彩，但始终没能改变绘画材料的纯物质属性，因为绘画艺术家的关注点一直在探索如何在平面材料上更好地表现三维空间。工艺美术、建筑美术、雕塑艺术、民间艺术等对材料的认知与绘画有所不同，如这些艺术门类更注重材料本身的质地、肌理、颜色、样式等。事实上他们也未能改变艺术材料的物质属性，因为他们在长期的艺术实践中形成了自己对材料的使用体系和固有规则。例如，陶瓷艺术靠土呈现自己的艺术特质，编制艺术靠自然界的某种植物呈现它们的艺术特质，雕塑艺术、建筑艺术等也都有对某种材料的固有规则，这些艺术门类间不可逾越的界限是固有物质模式。因此，他们终将接受不能改变艺术材料的物质属性，不能改变各艺术门类因材料被割裂开的现实。虽然从某种角度讲，“材料变化的历史是艺术发展的历史”。但对不同艺术门类而言，他们终究被局限在自己的材料规则中而不能逾越，例如，陶瓷艺术只能在土的质地、成分、性能上探索，它永远与棉花无关。

学前手工课程，是根据已有的知识经验和探索重点，多角度思考本课程的研究方向。例如，同种材料的深度探索和多种表现，不同材料的共融与综合再现，每种材料、每种表达符号传递的视觉审美价值和对人类发展的促进作用等。

综合上述内容，学前教育专业中的手工课程不仅要开发不同材料、探索不同艺术表现形式间的共融、思考各相关学科知识的合理整合、探索用适当的再现形式打破对材料应用的固有模式、引导人们用多种思维模式补充对材料的认知，还要从不同的视角诠释材料的艺术表现力，探索每种艺术材料在教育和艺术领域的双重价值。

任务一　了解材料性状并掌握探索材料的方法

材料的第一属性是物理属性。在纷繁的大自然界，在人类不断用智慧和双手创造的社会中，用视觉可以直接看到的无疑是物质组成的世界。从某种角度讲，人类对物质世界的直觉认识和动物没什么区别。例如，食草动物眼中的植物只有能吃和不能吃的区别，知觉感受能够告诉它是否需要现在吃。人类在饥饿难耐的困境中，直觉也会告诉我们哪些东西能吃，哪些不能吃。

然而，人类和动物的最本质区别是，人类具有高级思维活动和智慧，人类可以进行改变和创造。人类该做的不是只简单地认识材料是艺术再现的物质载体，而是要面对每种载体，能够用思维的力量，探索和寻求某种物质载体在艺术方面更多的潜在可能性和价值。

该如何让材料和视觉思维、艺术创造建立更广阔的联系呢？我们可以从以下几点思考和探索。

一、为什么探索材料

材料最直接的属性是物质属性，这一属性是引导我们推开艺术之门的第一通道，长久以来，人们掌握了造型材料应用的一般规律。例如，只要画水粉画，就会条件反射般地与水粉颜色、水粉纸、调色盘、水粉笔建立联系，因为那是固有的模式。

然而，手工制作与其他造型艺术在某些方面有本质的区别，因为手工材料本身是以三维空间形式存在，用这些材料再现物象表征的过程是造型艺术的新课题。这个课题和利用石头、泥巴雕塑不同，因为那些造型艺术也都具备固有的发展体系，而手工课程中对材料的利用更复杂、更广泛，且无发展历史和一般规则可依靠，属于“年轻的”学科领域。

“儿童能够利用材料表现物象的思维过程只有两种可能：要么他们发现材料与要表现的物象之间有相同的特征，要么发现材料能经过某种方式操作之后表征事物的特征……”[①]初次接触手工艺术活动的成人如同儿童一样，原生态的方法是首先将材料的形态与物象的形态建立联系。例如探索纸杯的创意，首先要将纸杯的形态与物象建立联系（图 1-1），这个过程不仅表现出人们认识材料与创作建立联系的初步状态，还能帮助我们理解儿童初期的思维模式。随着儿童年龄、认知能力等的提高，他们会逐渐探索改变材料的形态（图 1-2），用以满足表现物象的需要。值得注意的是，利用材料进行创造，首先要对材料有足够的认知。

图 1-1　直接联想

图 1-2　改变形态创造

与图 1-1、图 1-2 类似的多种经验可以为新手入门提供可借鉴的方法：要想进入真正的艺术创造，首先要尝试探索材料。

在幼儿园实践工作中，学前教师对材料的认知范围比较狭窄，这个结论可以从教师设计的手工教育活动中找到答案。

（一）材料使用的“单一性”现状

根据对北京市在职幼儿教师的调查显示，80 克彩色手工纸是学前教师手工教育活动中的主要媒材，在所有幼儿园的手工教育活动中，大多以剪纸、折纸的形式再现对该纸材的认知经验。纸材再现形式的缺失，必定局限儿童智力的发展。在《美术教育与人的发展》这本书的第 28 页中，杨景芝先生

① Howard Gardner. 艺术·心理·创造力. 齐东海，等，译. 北京：中国人民大学出版社，2008.

论述了感知能力对思维能力和创造力的作用。皮亚杰在他的认知发展理论中，明确划分“3～6岁幼儿的思维属于知觉或符号阶段”，“最初的感官识别能力即为儿童智能的最初表现。”[①]

在手工艺术活动实践过程中，经验告诉我们：“每种材料都会有独特的性质和应用规律，哪怕是同类材料间的细微差别，都会引起参与者的思考，都会左右和逆转实践者的创造再现思路。”如果在儿童手工教育活动中长期使用单一材料，会使儿童的视觉、触觉刺激减少，从而对儿童的智力、认知等能力发展产生一定的局限性。

例如，假如你有了用硬皱纹纸制作玫瑰花的经验和技巧，可以了解硬皱纹纸坚挺、韧性强、色泽鲜艳、有一定的伸缩性等特质（图1-3）。根据这些特质和创造经验，你也许会用创造花的制作技法制作出三维的花（图1-4）。但当软皱纹纸（图1-5）和硬皱纹纸同时摆在你面前，你会对软皱纹纸束手无策，因为，它们虽是同类却有不同之处，呈现的作品形式也截然不同（图1-6）。这些不同足以使你感觉对软皱纹纸的创意使用缺少经验，但这种缺失会引起视觉、触觉的兴奋，会让你的思维行动起来。感观会将各种信息传导进大脑，使你不由自主对两种材料进行比较，甚至寻找其细微差别，以获得认知经验，最终达到寻求解决问题途径的目的。

图1-3　硬皱纹纸

图1-4　硬皱纹纸作品

图1-5　软皱纹纸

图1-6　软皱纹纸作品

① Howard Gardner. 艺术·心理·创造力. 齐东海，等，译. 北京：中国人民大学出版社，2008.

在参与幼儿园的实际调研工作中发现了这种现象：在班级和楼道的墙上贴着各种材料（图 1-7），目测高度，幼儿肯定够不到这些材料。那么它们是用来做什么的呢？经过询问得知，教师是想通过这种办法引导幼儿感知认识材料。多年的实践经验告诉我们，感知认知经验是在不断的“行动与活动”中获得的。这种方法只能在短时间内刺激儿童视觉，何况有些材料还达不到刺激幼儿视觉思维兴奋的程度，因为如花生壳等材料是幼儿早已认识的常见事物。

图 1-7　幼儿园材料展示

对于手工艺术教育活动而言，利用视觉经验固然重要，但触觉认知也是必不可少的。因此，这样呈现材料的方式不可取。

“在早期儿童艺术作品中，儿童能够表达他们对材料本身的认识和感受，特别是在使用一种新媒介的情况下。他们的关注焦点很少落在完成艺术作品本身，而更多地在于体验感官运动带来的感受和用于创作的材料的特性。儿童熟悉媒介之后，才能认识到如何使用媒介来表现事物。”[①]由此可见，通过手工艺术材料丰富儿童的感知经验，对儿童的认知、智力、创造力的发展有着至关重要的作用。这个过程对新材料的认知和探索过程是一致的。

（二）同种材料艺术表现的“狭隘性”现状

利用同样的手工材料，引导儿童进行多种艺术形式表现，不仅体现教师的艺术素养和视野，同时是开发儿童智力、促进儿童真正发展的途径。

然而现实工作中，幼儿教师在艺术表现形式的策略上存在不足，特别是对探索同种材料的不同表现策略缺少思路。

在一次学前教师的职后培训中，教师随手用学员手中的一张餐巾纸举了一个操作实例，目的是引导学员关注身边所有可用材料，以此在手工教育活动中积累更多的灵感。于是教师给定一种材料让学员创意，以此反馈学员们对问题的思考、分析、探索和创造能力。结果学员们不仅没有新颖的创意，而且基本没有做出任何作品。教师根据此现象做了随机调查，结果表明：首先，学员没有用过此种材料，没有对此种材料的认知经验；其次，头脑中没有相关的视觉形象可以与此材料建立联系。最重要的是，学员们没有可以借鉴的创意途径和思路。教师又让学员们用桌上的纸杯创意，结果他们很快制作出形象，但所有形象的表现形式基本一致。原因是学员们在工作中用纸杯做过类似的作品。

---

① Ann S. Epstein，Eli Trimis. 我是儿童艺术家——学前儿童视觉艺术的发展．冯婉桢，等，译．北京：教育科学出版社，2012.

通过这个事例可以总结出：①材料开发和使用经验很重要；②幼儿教师的艺术视野很重要，如果幼儿教师对艺术表现形式有丰富的视觉经验，在儿童的教育活动中，教师一定可以将认知经验迁移到活动中，并为儿童的想象和创造提供有力的帮助。

图 1-8 和图 1-9 是对铅笔和纸巾的艺术创意，如果第一次看到此种艺术表现形式，会对视觉产生巨大冲击，大脑随之对该作品做出直觉判断，然后引起思维活动，逻辑分析、思考、判断会应运而生。思维活动会过滤视觉直觉判断，然后将获得的视觉符号用记忆储存，建构在脑的知识结构中。视觉经验积累得越多，越能引起创造的灵感和冲动。

图 1-8　纸浆作品

图 1-9　纸艺作品

艺术创造的前提条件不仅需要相关知识结构的建立，而且需要相关的艺术表现形式符号的积累，因为没有人能做到对不熟悉知识领域的内容进行迁移。如果学前教师只能用手工彩纸进行折纸、剪纸或撕纸的表现形式，那么她们创造的范围已被局限在一定的空间里。这对儿童的发展会起阻碍作用。

（三）材料应用的“模仿性”现状

“一般能力结构有三类组成：第一类是一般能力和特殊能力，第二类是模仿能力和创造力，第三类是认识能力和操作能力。”[①]模仿能力和创造力属于能力结构中的一部分，我们不能简单地阐述哪种能力不重要或哪种能力更重要，但我们却能准确地得出“创造能力一定高于模仿能力”的判断。的确，在视觉造型领域，人们往往是从“模仿”开始理解艺术的，特别是绘画活动，绘画能力发展的一般规律就是在学习初期长时间的去“模仿”，不管是对静物模仿还是对名人作品模仿。虽然人们在模仿的过程中一定伴随思维和认知的发展，但毋庸置疑这个阶段是艺术的量变阶段，是艺术创造活动的基础。

在探索和使用新材料进行艺术表现的初期，成人和儿童在感知方面的体验是相同的，不同的是儿童的感知先于思维，而成人的感知和思维是同时存在的，因此成人在感知的过程中获得的认知经验更多，这种优越性还表现在模仿的过程中（图 1-10 和图 1-11）。如果让儿童模仿一件作品，对于他们而言是比较困难的，因为儿童的具象思维和直觉思维特征很难让他们很快抽象出复制作品的一般规律。而成人在看到一件作品时，会伴随着抽象思维活动快速思考判断作品的材质、造型特点等，并在头脑中搜寻已知的知识经验，得出如何模仿作品的结论。

---

① 陈帼眉．学前心理学．北京：人民教育出版社，2001.

图 1-10　儿童正在模仿

图 1-11　儿童的临摹作品

对于儿童而言，能够准确地模仿一幅作品，是了不起的能力。因为在模仿作品的过程中，儿童的观察、造型、调色、审美等能力都会有很大提高。

对于幼儿教师而言，过多的模仿会阻碍自身的创造性思维。如果你经常去幼儿园，首先会发现在幼儿园的环境装饰中，特别是展示作品中，有很多作品是相同、类似的。如瓶子（图 1-12）、盘子（图 1-13）、纸盘（图 1-14）、纸筒（图 1-15）等材料的应用。

图 1-12　瓶子的应用

图 1-13　盘子的应用

图 1-14　纸盘的应用

图 1-15　纸筒的应用

以上图片是幼儿园环境装饰中常见的材料和形式。如果这些作品都出于幼儿手工教育活动，可以反映出各园手工活动内容和材料使用的模仿性。同种材料用于手工教育活动的想法固然可以借鉴，但如果用的方式和思路没有改变，首先反映出多数园所教师对“问题”探索的深度不够，其次反映出教师对新材料探索的广度不足，才会出现同一材料应用及表现形式相类似的现象。

二、探索材料的方法

探索材料不仅促进幼儿的感知觉发展，还是幼儿教师获得教育活动创设的灵感来源。然而成人与儿童不同的是：成人一开始就带有明确的目的性，她们拿纸的目的就是用纸制作某个物象。因此，她们对材料的探索缺少耐心，另有地位差异（教师自认为随意弄个什么就比孩子强，儿童的能力与自己没法比）、兴趣差异（很多教师觉得材料探索的过程是低级的知觉过程，因此缺乏挑战和兴趣）、时间不足（由于幼儿教师职业具有多重角色，分给探索材料的时间几乎为零）等原因，使材料探索成为空中楼阁。长期无人探索和总结探索材料的方法，使人们缺少对手工材料探索指导性的策略。

在此，本书借鉴了高宽教育模式，在实践摸索中总结了些许经验，希望对学前教师在手工教育活动的设计中有所帮助，对学前教师了解相关教育理念提供帮助。

以下以小班探索纸材为例详细讲述。

（一）确定探索目标

儿童对任何材料的探索都是从无意识和游戏性动作开始的。但对于教师而言，要有预案和目标，如探索情境的设定、探索材料的种类、探索的内容、探索的引导性问题、探索的时间、探索的记录。探索预案的设计不仅有利于教师观察和把握儿童发展和活动状态，而且有利于教师有秩序地提供材料种类和数量。

小班幼儿对任何材料几乎都一无所知。尽管他们在 6 个月左右就开始“撕纸”，但他们到了小班的年龄依然不知纸为何物，纸的用途是什么？纸在手工活动中的作用是什么……所以，教师可以让孩子最先对常用纸张进行感知和认识，使幼儿掌握纸材的特性和表现潜能，与不同纸材建立亲密的联系，为艺术活动及艺术表现提供更多可能性。

（二）创设探索情境

将探索主题确定为：纸的世界。

教师可以在活动室的相应区域内设计展厅、展桌、展牌等，自己扮演讲解员或引导者（以便掌控活动节奏，为不同儿童提供相应的帮助），让儿童扮演参观者和体验者，根据老师提出的问题、规则和要求进行相关的探索活动。在初步的探索过程中，教师不用提过多的要求，这样会阻碍幼儿的探索兴趣。教师可以多使用一些提点式语言：如摸一摸、尝试一下用工具改变纸的样子……

探索后要让幼儿围坐在一起，用语言表述自己探索的过程和收获。教师要有总结发言，使幼儿巩固自己的感知经验。教师还要注意鼓励大胆探索的幼儿，使幼儿确信“将纸撕坏了”也是探索的过程，因为撕纸可以改变纸的形态、可以知道哪些纸好撕、哪些纸不容易撕成细条儿等经验。

（三）深度探索策略

深度探索是在初步感知经验的基础上，在教师不断修订的预案和教师引导的基础上，使幼儿更深层次地了解和掌握不同纸材的性能，最终使幼儿将物质材料与物象建立相关联系，做到将物质材料熟练地运用在艺术表现中。具体策略如下。

1. 探索纸的特性

教师可以在创设的多种情境或对比中引导儿童探索纸的特性：如纸的脆与柔、轻与重、薄与厚、透光性、吸水性，听听纸能发出什么样的声音。教师要做的是帮助、引导幼儿用什么方法探索哪些纸是脆的、哪些纸很柔韧，如图 1-16 和图 1-17 所示。

图 1-16　探索纸线

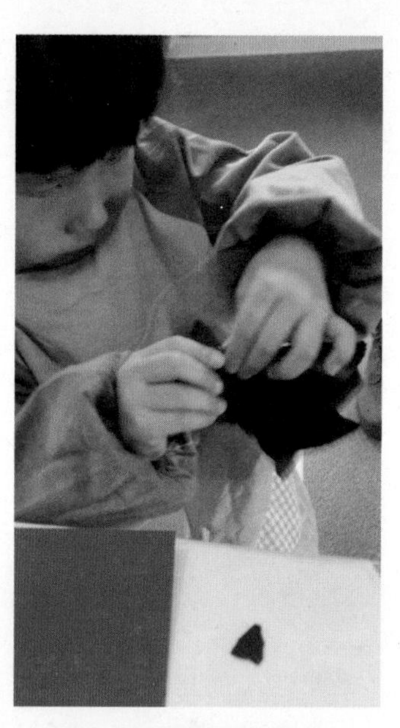
图 1-17　探索纸的形态

2. 分辨纸的种类

分辨纸的种类是一个非常了不起的过程，不仅可以使儿童将无意感知转向有意感知，而且可以使具象思维逐渐转向抽象思维。教师应该做的是用各种有效、有趣的方法引导儿童尝试、思考用什么方法才可以分辨材料。

如用对比的方法分辨有色纸（彩色）和无色纸（黑、白、灰、金、银），用小天平称量的方法分辨纸张的轻重，用光照的方法分辨透光纸和不透光纸，用点、涂、画的方法分辨哪些纸更有吸水性。

3. 在纸中寻找颜色

Bornstein 认为："所有婴儿出生时就具备辨别各种颜色（蓝、绿黄、红、粉红、紫、棕、橘红）的能力，这种能力是内在固有的。4 个月的婴儿对颜色的分类与成人对颜色的分类相似。随着年龄的增长，受颜色词汇的影响，这种与生俱来的对各种颜色的辨别能力会消退……进一步研究表明，儿童能否正确命名颜色，主要取决于他们是否掌握颜色的名称。"①

Bornstein 从生理的角度论证了人之初期对颜色的分辨能力，并对颜色词汇和颜色分辨能力做了联系和判断。如果他的理论成立，那么，在教育过程中注重丰富儿童的颜色词汇，并将词汇与颜色建立联系，儿童辨别颜色的能力是否就可以向良好的方向发展呢？

纸张的颜色很丰富，包括颜色鲜艳的手工纸、包装纸、色彩淡雅的纯手工纸……因此，教师要做的是利用丰富的纸颜色，帮助儿童丰富颜色词汇语言，引导儿童将颜色词汇、颜色和实物建立联系，促进幼儿对颜色的认知经验。

教师先引导幼儿观察爱吃的什锦炒饭中都有什么食材，然后引导幼儿更仔细地观察米饭中不同的食材是什么颜色，米饭是白色的、鸡蛋是黄色的、虾仁是橘红色的、青菜是绿色的。幼儿在纸筐中（图 1-18）找到与食材相应的颜色纸条，剪出一盘"什锦炒饭（图 1-19）"。这就是教师的智慧。

① 秦金亮．儿童发展概念．北京：高等教育出版社，2008.

图 1-18 纸筐

图 1-19 剪出的“什锦炒饭”

4. 探索纸的形态转换

对于纸张，常见的形态是平面方形或长方形，要想用纸进行艺术表现，首先要有改变纸型的丰富经验。教师要做的是引导幼儿用工具(剪刀、碎纸机)或相关动作(撕、剪、揉等)改变纸的形态，使幼儿逐渐地将改变后的纸形与物象建立联系，那么幼儿的“创造能力”很快会显现出来。

图 1-20 和图 1-21 是幼儿在探索如何改变报纸的形态，幼儿知道用卷、团等动作可以使报纸变成筒状和球状，还想到用透明胶条将球状纸团固定。

图 1-20 卷纸

图 1-21 团纸

幼儿在固定纸球的过程中又发现了问题，他们很难将比较宽的胶条固定在纸上，“原来胶条一面有黏性、一面没有黏性……”幼儿把黏的一面朝向纸球外(图 1-22)，因此，胶条总是追着自己的手。当幼儿发现这个问题后，先分清胶条有黏性的一面，然后对准纸球粘上去(图 1-23)，成功了！

图 1-22 胶条出现问题

图 1-23 学会使用胶条

5. 在生活中寻找隐藏的纸

为了深入幼儿对纸的认知，教师可以让儿童寻找生活中和纸有关的物质元素，积累更多关于纸的知识和经验。例如，报纸、书、纸箱、纸板、纸盒等都和纸有关，筷子、铅笔等木材来自树木，这个知识积累的过程，不仅对幼儿积累感知认知经验，甚至更广泛的智力领域都具有促进作用，而且对艺术创作、创作思想及思想表达起着绝对的促进作用。

综上所述，正如罗恩菲尔德（Lowenfeid）和布里坦（Brittain）所说："没有对所表现体验的自我认同，同时，没有对所用艺术材料的认识，任何艺术表现都是不可能的。"①因此，对任何一种材料的认知，不仅是智力发展的前提，也是艺术表现的前提。

任务二　感知和认识材料中的灿烂文化

寻找手工材料的价值，不仅是新的艺术视角的体现，更是呈现手工课程完整结构的质的工作。在以往的手工课程结构中，表达制作技巧是唯一的主题。对于这种课程导向，不能简单地理解为课程中追求的目标和重点难点不同，一定是对材料的认知、理解和探索不足，视角的缺失最终导致忽略了这个关键环节。本书对"以往只把手工材料单纯的当作纯物质材料和物质媒介"的教育理念加以补充，探索挖掘材料本身蕴含的独特的生命历程和艺术价值，使其在表达艺术思想的过程中，更全面地体现每个环节的价值。

一、材料自身的价值

儿童早期对物质材料的感知要先于造型，刚出生不久的新生儿就可以用眼睛追逐鲜艳的颜色。随年龄的变化，从三四岁时开始，幼儿对形态的感知开始优于对颜色的表现。由于颜色变化和表现没有固定标准，强烈的可变性和语言词汇的不足使儿童对颜色的认知和掌控能力缺少应有的自信。如何丰富儿童的色彩感知经验呢？可以尝试开发手工材料，引导幼儿从手工教育活动中的材料中获得颜色认知经验。

（一）感知材料中的颜色

对幼儿而言，感知力的发展是智力发展的主要方面之一，因为他们是从感知开始认识世界的。

下面以感知纸色为例，呈现整个感知过程。

1. 收集纸张

由于人们的生活中处处离不开纸，儿童有了对纸材的感知和认知经验，收集纸张很容易做到。由于用途不同，纸张的颜色很丰富，根据纸色规律，可以引导儿童有目的地收集。同时，指导儿童既不用收集手工活动专用的单色彩纸，也不用收集用于包装的纹样纸，只收集废旧杂志中的混色纸，如图 1-24 所示。

可以发现，这些废旧的纸远比颜色盒里的颜色丰富，而且每一块颜色都能在生活中找到对应的物象。例如，绿色、咖啡色、橘黄色、桃红色、木浆色、巧克力色，而这些与实物相吻合的词汇名称正是儿童的词汇中欠缺的。

2. 改变形态

对纸张应用的前提是改变纸张的形态，使其与艺术表现形式和艺术形象建立联系。因此，收集混

① Ann S. Epstein，Eli Trimis. 我是儿童艺术家——学前儿童视觉艺术的发展．冯婉桢，等，译．北京：教育科学出版社，2012.

图 1-24　废旧杂志中的混色纸

色纸后，可以用剪或撕等多种方式将纸变成规则或不规则的小块儿（如正方形、长方形或三角形等）备用。

3. 精细分色

将撕或剪的、用碎纸机碎的、用打孔器打下的碎纸块儿收集起来，并按照冷、暖分别放在两个无色透明塑料盒中，再将它们大致按照黑、白、灰三个阶梯色分放在更多的无色透明塑料盒子中，这个过程叫作分类。对于学前专业的学生来讲，学会了引导儿童掌握识色、分色等知识的方法，对于处在前运思阶段的儿童来讲，获得逻辑符号分类是逻辑认识形式上的进步。

4. 尝试创作与表现

在创作与表现环节，借鉴了建筑装饰艺术中的马赛克粘贴，主要引导学生对同类色和同种色加以归类，并根据观察图片或视频，获得丰富的视觉经验和认识经验。例如通过观察天空的图片、云变化视频和表现天空的绘画作品，感受蓝色天空中包含蓝色和与蓝色有细微差别的丰富色相，尝试用分类法收集的蓝色碎纸片粘贴天空（图 1-25 和图 1-26）。

图 1-25　粘贴出的蓝天一

图 1-26　粘贴出的蓝天二

只要细心体会整个过程，油画般的天空、海洋甚至焰火、花朵……自然万物都会跃然纸上。尽管你对绘画技能一无所知，一样能体会到成功的快感。这就是将纸色和物象颜色建立联系，天衣无缝、完美表现的例子（图 1-27 和图 1-28）。

图 1-27　混色纸粘贴

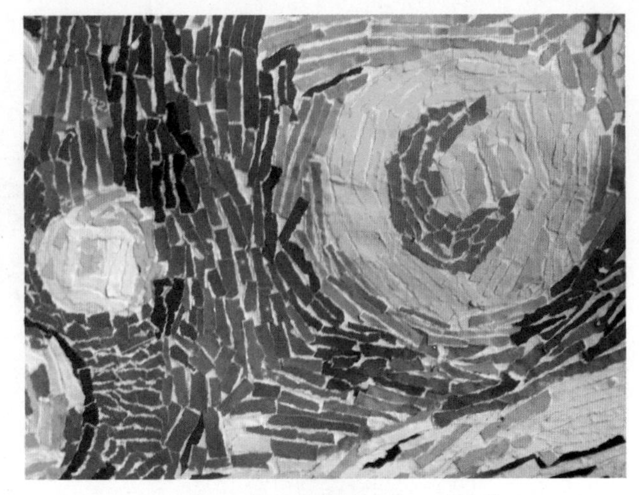

图 1-28　长纸点粘贴仿凡 · 高作品

对于幼儿来讲，这是一个循序渐进的过程。要使幼儿感受到纸色在画面中的自然变化需要一系列系统的课程目标才能完成。需要在不断的目标引导下使幼儿做到把“感知材料颜色”的探索深入化，否则幼儿在过程中只能有表象的表现，不会在感知与心智方面获得质的进步。

（二）感知物质材料的形态

如果对周围可视的物质世界没有丝毫的感觉，对丰富的物质材料形态没有任何感知经验，这对于一个鲜活的个体而言是非常可怕的。如拉尔夫 · 沃尔多 · 爱默生在《自我信任》中描述的那样：“一个人应该学会如何察觉和监视视觉对大脑内部带来的那些光线，它比满天神明所发出的光彩还要亮，然而，很多人却还是没能注意到自己的思绪，因为这原本就是他自己的。”若你做到了能够从物质材料的形态中获得美感，一定是感知信息给大脑带来的那道“光”。下面我们尝试一下感知材料形态的方法。

1. 感知可塑材料的形态

吃巧克力的时候，人们总被巧克力的香甜润滑所吸引，而包巧克力的锡纸会被随意丢弃。一张巧克力锡纸能做什么呢？

当有意注意指向一张锡纸的时候，很快会感知它是一种可塑材料，不仅易变形，还易成形、易固定。随意扭一扭，它会呈现很多种姿态。幼儿园的孩子们注意到了这些新来的“朋友”，在回味香甜巧克力的同时，将这些锡纸的形态与物象建立联系，如图 1-29～图 1-32 所示。

图 1-29　锡纸变形一

图 1-30　锡纸变形二

图 1-31　锡纸变形三

图 1-32　锡纸变形四

看看幼儿是如何用语言符号再现想象的:“它就像一只飘在海面的帆船,船帆被风吹得鼓鼓的,像要爆炸了。”“不,它更像企鹅,是穿着斗篷的企鹅。”“企鹅怎么能穿斗篷呢?肯定是一个鬼鬼祟祟的人,是坏人,刚打哭了一个小朋友,正想逃跑。”“像一只鸟,它的身体下一定有蛋,要不它干吗弓着身体呢……”这些话是儿童对图中锡纸形态的描述,语言中重复最多的是“像”。不要小看这个用词,那是形象比喻,是借喻,是物质形态与以往知识经验建立的联系,是了不起的想象能力!他们描述的故事情节是最珍贵的想象中的画面!

2. 感知偶然痕迹的形态

下面四张图片源于漏雨的屋顶(图 1-33)、调墨的盘子(图 1-34)、涮羊肉用的麻酱作料(图 1-35)和破旧的墙皮(图 1-36)。当你注意这些痕迹的时候,丰富的形态会给你带来不同的视觉感受,想象中的物象符号、语言表述符号交错浮现在脑海里。

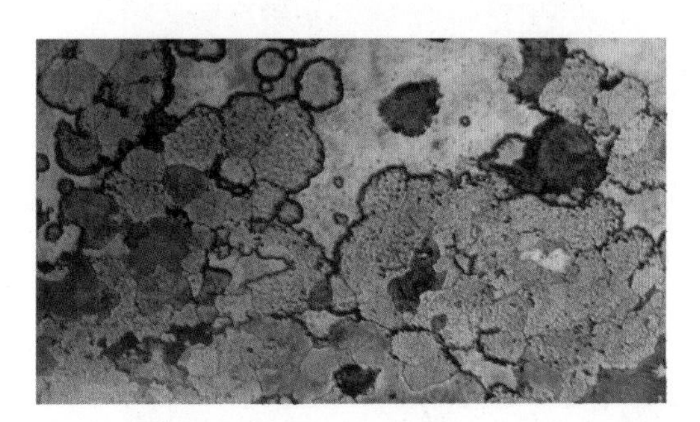

图 1-33　漏雨屋顶

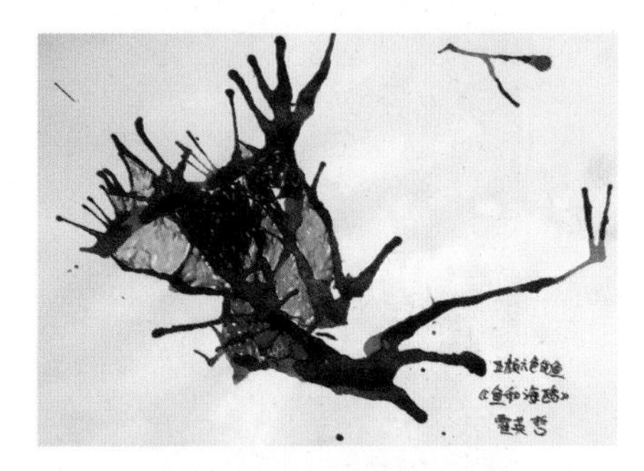

图 1-34　吹出的墨汁痕迹

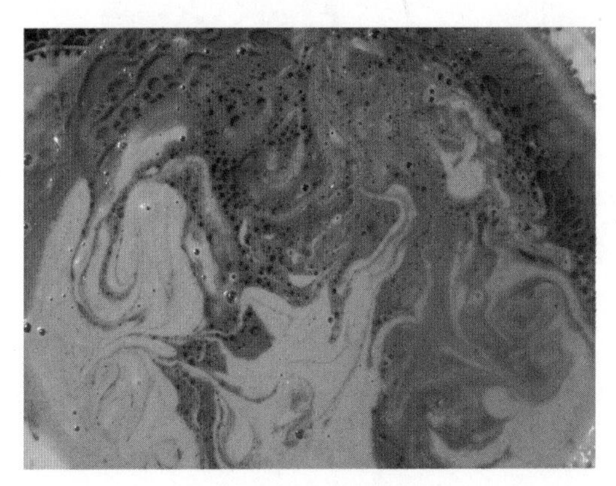

图 1-35　麻酱作料

图 1-36　破旧的墙皮

美国抽象派表现主义画家杰克逊·波洛克(Jackson Pollock)是大家熟悉的画家之一，他不仅是一位有独特艺术风格的“行动画家”，也是一名瘾君子。这就不难现象他的创作为什么那样魔幻多变，也许和他头脑中的形、色幻觉有一定的关系。这种表现梦境或利用艺术材料表现偶然性效果的艺术形式，在现代艺术中比较常见。

图1-37～图1-39是在欣赏波洛克的绘画作品之后，由学前专业的学生做的颜色体验游戏，画面的视觉表象与画家的作品很相近，只不过波洛克的作品用色显得灰暗一些，而学生的作品颜色鲜艳一些。从这一点看，用热抽象(色彩)表达作者内心世界的差异是可以实现的。

图1-37　颜色游戏一

图1-38　颜色游戏二

图1-39　颜色游戏三

重要的是，无论是一位知名画家还是初接触美术的人，当他们能够将视觉感知到的美的形态与艺术实践和材料建立联系时，他们探索艺术表现的步骤和过程便重合在一起，哪怕是儿童，对材料的探索和表现与成人也没什么不同。

图1-40～图1-42是幼儿探索彩色墨水在纸上留下痕迹的游戏活动。在活动过程中，孩子们在选

色、用色、吹的过程中,都在用审美的眼光审视和把握画面中美的痕迹状态,他们不断地调整颜色、吹的方向和吹的姿态动作……

图 1-40 探索

图 1-41 吹

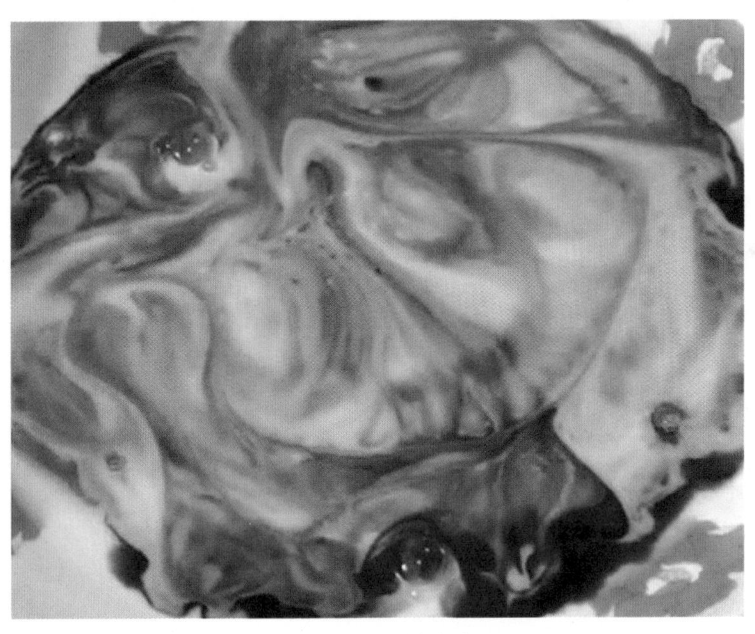

图 1-42 美的痕迹

幼儿用语言表达自己在活动过程中的体会与感受能力有限,同样的艺术体验在学前专业学生和老年大学的学员中进行,他们则毫不掩饰地说:“我以前走路就是走路,现在我会东瞧西望,树杈、树干、墙皮……什么都看,我现在走路不那么匆忙了,觉得有意思多了。”这便预示着审美情趣的产生和审美能力的提高。有一双会观察和善于发现的眼睛,会在自然界或生活中发现很多形、色皆美的事物。

3. 感知植物形态

每一颗植物都是有形态的,无论是整棵植物还是植物的局部组织,甚至植物的根叶或茎秆的横切面。但在幼儿园的美术教育活动中，却很少有教师关注这些美的元素，从而丢失了很多引导幼儿感受美的体验。

树枝、树干这些材料在幼儿园的手工教育活动中很少见，实践证明，幼儿可以将枝干的形态与物象建立联系，大班幼儿还可以用锯子、胶枪等工具改变树枝干的形状。

图 1-43～图 1-46 的作品源于幼儿园木工区域活动，后勤教师先将大的枝干破成小的，全部过程会让幼儿观看和模仿，然后便是幼儿自主探索的过程，全过程有后勤教师观看辅导，并控制每次进入木工区的幼儿人数。

图 1-43　幼儿园木工坊木料

图 1-44　幼儿木质作品一

图 1-45　幼儿木质作品二

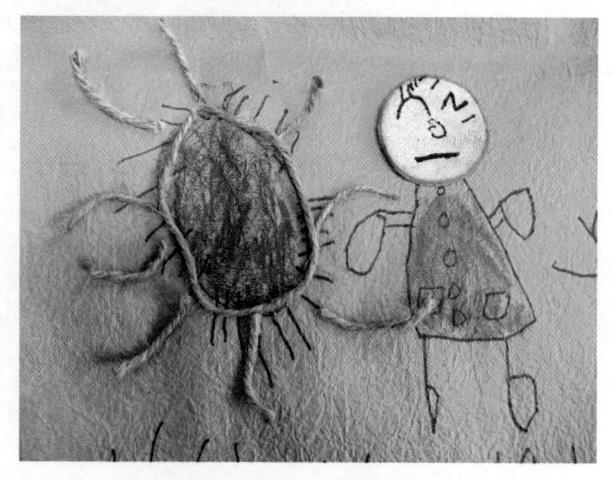

图 1-46　幼儿木质作品三

（三）感知物质材料的肌理

很多物质材料都是有肌理的，特别是自然材料。那些自然存在的肌理与造型中的点、线元素能够紧密地联系在一起，如果你没有感知到，你永远会为怎么画，画什么，画得像不像而苦恼。事实上，我们眼中的每一种物质材料都会宣泄一种声音，都在表达一种情感，从物质本身的肌理或物质间形成的肌理中，能感知到生命的努力、年轻与苍老，能够感受到很多特质线的交错。认知和感悟虽然是内心活动的复杂过程，但一部分是借助物质媒材获得的，因为人的机体本身就是物质的。图 1-47～图 1-51 中苍老干裂的树皮、精致张扬的绿叶，努力向上的纤细与健壮触动心弦，当你感知到这一点时它便成为我们精神世界的一部分。当儿童也感知到那些肌理时，自然会与丰富的点、线、面建立联系，用画笔再现它们，绘画便成了轻而易举的事情。

图 1-47 自然物象照片一

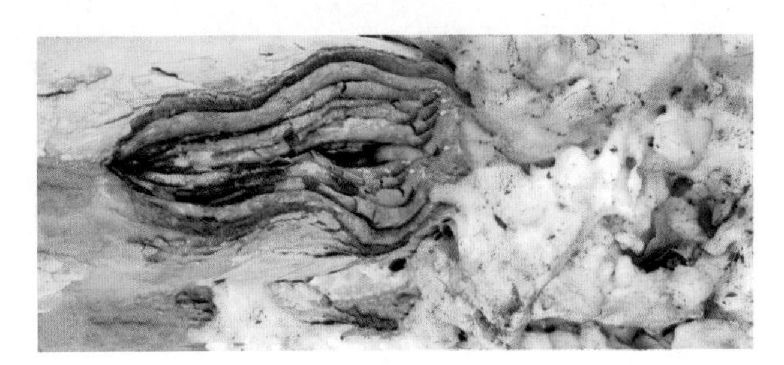

图 1-48 自然物象照片二

图 1-49 树干照片

图 1-50 画出的绿萝

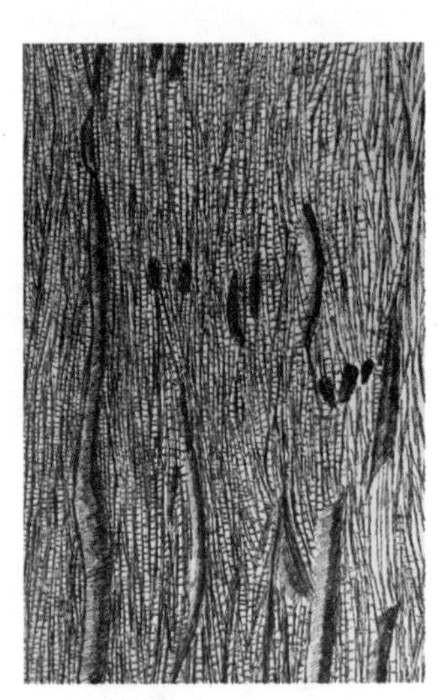

图 1-51 画出的树干

（四）感知材料的结构

材料的结构分为物质本身的结构和物质与物质间形成的结构。

1. 感知物质本身的结构

树叶是最常见也是最容易收集的材料。很多幼儿园会用树叶做粘贴和拓印。如果你做过单项深入探索的实践，会有更多的教育活动生成于幼儿手工艺术教育活动。如拼贴故事、观察和表现树叶的外形、树叶本身的结构和纹理等。在深度探索的过程中，每一个环节还可以与自然常识、知识建立联系。

蛋托利用

图 1-52～图 1-55 都是根据材料自身结构的特点制作出来的形象。

2. 感知物质与物质间形成的结构

物质和物质间不仅能呈现肌理效果，也能表现出物象的结构特征。

图 1-56～图 1-59 可以清晰地看到很美的结构和纹理，有些具有重复出现的韵律美，有些具有规律与散乱的对比美，有些具有变化与规律交替的美，这些都是儿童手工教育活动或区域活动中的重要视觉元素，取之不尽、用之不竭。

图 1-60 和图 1-61 是根据物与物的结构形态不同，将其巧妙组合制作而成的。

图 1-52　在树叶上画

图 1-53　用树叶剪出的羽毛

图 1-54　手纸小鱼

图 1-55　油菜根剪切的“水晶花”

根据形状拼摆

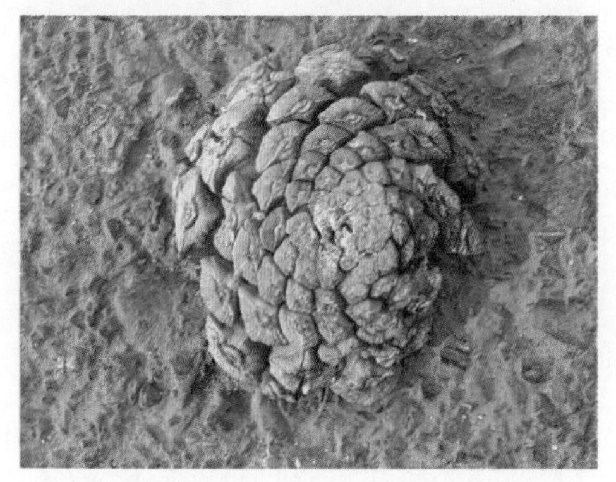

图 1-56　松塔的结构

图 1-57　橙子横切面结构

图 1-58　草叶间构成的结构

图 1-59　蛋托的外形

图 1-60　瓶子与乒乓球

图 1-61　不同形状的盒子

二、通过材料认识不同艺术文化

人类的艺术活动最早是在实用的基础上发展起来的。大约 250 万年前，人类就对随处可见的石头材料有了自己的认知，他们用石头打猎，并逐渐了解和改变石头的用途，将其用于生活、科技、艺术等领域中，使其呈现出独特的艺术价值。

民间艺术中，材质的差异形成了各异的民间艺术门类，如人类对纺织材料实用价值的认知，形成了民间染织、民间服饰艺术；人类对木质材料实用价值的认知，形成雕刻、家具艺术；铁材料、纸材料、麦秆、贝壳、树皮甚至糖材料建构民间画类艺术，酥油、泥、椰壳、植物果实壳、石、砖、竹、木等材料建构民间雕刻艺术，剪纸、皮影、木偶、面具、灯彩、风筝、面塑、乐器、编制等工艺，这些都是材料的实用功能催开了绚丽斑斓的民间艺术之花，如图 1-62～图 1-71所示。

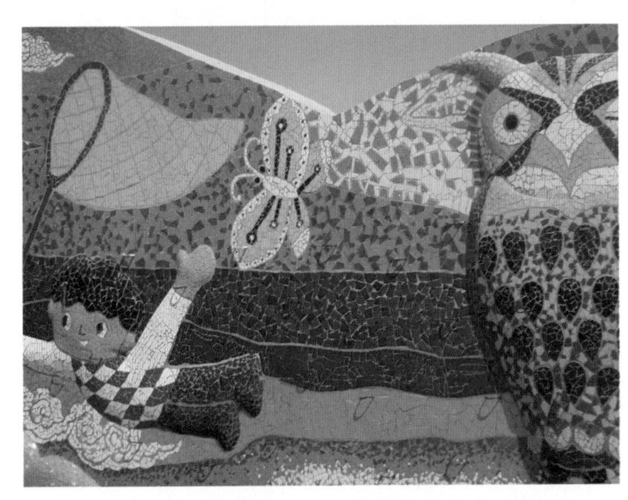

图 1-62　马赛克

图 1-63　青铜

图 1-64　皮影

图 1-65　陶瓷

图 1-66　民间布艺

图 1-67　风筝

图 1-68　草编

图 1-69　草编

图 1-70　扎染

图 1-71　糖画

在艺术教学中，我们要重新审视材料的价值，熟悉各种材料的特性，有些如铁材料、铜材料等，它们坚硬无比，难以解构重构。而纸、泥、生活中的包装、快餐、种子等材料，好收集、易改变形态，因此是美术活动中的重点材料。我们可以汲取各种艺术中的精髓，游走于不同艺术领域，领略各样独特的艺术风骚，尝试探索常见材料，创造新的艺术活动形式和作品。

在手工艺术教育活动中，可借鉴陶瓷艺术、民间玩具、抽象艺术、雕刻艺术、威尼斯面具艺术、唐代服饰文化艺术等风格，用常见的纸、纸板、软陶等材料，再现不同艺术形式和文化，充分体现知识融合、工艺融合、材料融合的艺术魅力。

三、材料中承载的人文价值

在很多艺术作品中，泥土是"思念故乡"的代名词。当人要远游时会带上一包家乡的泥土；当恋人要为理想远行时会为他带上一包泥土；战场上有人牺牲时，战友也会在他牺牲的地方捧一把泥土。

在工艺美术和民间艺术中，每一种艺术都凸显一种不同的材料特性，每一种材料都呈现各自的发展体系和历史，其中蕴含着无数的人文情怀。教师在岗前和职后的学习中，应不断了解这些人文文化，在提高自身素质的同时，有利于丰富幼儿的知识结构，培养幼儿参与艺术教育活动的兴趣。

任务三　探索材料与挖掘艺术创造力之间的关系

通过阅读大量资料和对创造力培养研究的思考，用"只要智力正常，每个人都会具有一般的创造能力"这句话描述一般人所具有的创造能力更为精准。首先，创造力有潜创造力、类创造力、假创造力和真正的创造力之分；其次，因为创造力是智力的最高表现形式；最后，因为创造力涉及各个领域，涉及不同年龄段的人，每个年龄段对创造力的判断标准不同。在学前专业，教师必须对 3～6 岁幼儿的普遍创造力有一个准确的认知，才能准确评价和提高幼儿的创造能力。"从心理学家和生物学家的角度研究创造能力的开发是最科学的，将心理学家和生物学家的研究结果运用在艺术创造过程中，是开发个体创造能力的捷径。"

众多关于创造力开发的研究表明，智力是开发创造力的基础，而创造力是智力发展的最高表现；开发智力一定要抓住对个体智力发展起决定作用的关键期，即 8 岁前的敏感期；与创造力最密切的 5 种智力是观察能力、记忆能力、思维能力、想象能力、实践能力。既然找到了开发创造力的根源，那么就从五大智力因素开始，将智力开发作为创造力开发的第一步。

一、观察能力的开发

"有人熟视无睹、有人入木三分"，观察是一种能力。对中专、大专和本科学生做关于观察能力的实验，结果表明：观察能力有高低之分；观察能力是可以培养的，只要科学地引导，有时只需一句话，就能使学生豁然开朗；观察能力是美术表现力的基础。

在手工艺术教育活动过程中，利用材料的丰富性，引导学生从观察物质材料开始，然后扩展到自然界现象、自然物质、动植物、同学的作业、艺术作品、影视视频等多样形式和领域，锻炼学生的观察能力。学生逐渐能够从粗略观察转到细微观察，从大块颜色观察转到观察颜色的晕染和变化，从大致的形态观察到细部结构的表现。同样的实践研究用于幼儿的观察教育，表明幼儿观察能力的发展与中专、大专、本科生大体相同。不同之处在于随着理解能力的提高，观察能力发展的速度不同。

二、记忆能力的开发

有人认为记忆力与手工制作艺术没有太大的关系，但手工艺术教育活动是记忆力培养的有效途径。与手工材料相关的经验记忆对成人来讲微乎其微，但对于儿童却是最重要的经验积累。对幼儿进行记忆训练的方法如：引导幼儿浏览大量综合材料制作的艺术品图片（图1-72～图1-75），通过有效提问（如问哪位小朋友看到了一张有鸭子的图片？那张图片上有几只鸭子？图片上还有什么？你喜欢那张图片吗？请告诉我们为什么？小鸭子是什么颜色的？它们的动作是怎样的？你能说出它是用什么材料制作的吗？你能仔细描述小鸭子的嘴巴、眼睛吗？鸭子身上有什么花纹？你能画出来吗？）了解幼儿的记忆能力。然后引导幼儿再观察再提问。这样有趣味的记忆学习方法，会使幼儿在不知不觉中学会关注和记忆，同时为创作表现积累形象元素。

图1-72　鸭子作品一

图1-73　鸭子作品二

图1-74　鸭子作品三

图1-75　鸭子作品四

三、思维能力的开发

3～6 岁幼儿的思维已经从行动思维开始向具体形象思维过度。幼儿从 3 岁开始进入幼儿园，新环境的改变使幼儿的思维能力不断发展。“但还是以感知觉进行思维，而不是以理性的概念来思维。”①

手工艺术教育活动或手工区角活动的整个过程都与具体材料和具体物象联系在一起，因此借此开发幼儿的思维能力是最好的途径之一。幼儿在过程中通过发现和解决问题，可以更迅速地将思维从具象思维转向抽象思维，又从形象思维转向逻辑思维，当然这时的逻辑思维处于比较初级的阶段。

“有趣的图形”是具象与抽象思维自由转换的训练课程。在此过程中，幼儿可以顺利地理解人体的基本组成部分和各部分之间的位置关系，能够顺利地将物象与抽象的图形建立联系，用抽象图形表现人物形象，还可以利用订书器将个图形组合成可动的形象。图 1-76～图 1-79所示为幼儿自己动手的过程，图 1-80 为幼儿制作的作品。

图 1-76 如何使用工具涂抹

图 1-77 如何粘贴平整

图 1-78 如何剪，剪什么

图 1-79 如何玩，玩什么

① 秦金亮．儿童发展概论．北京：高等教育出版社，2008.

图 1-80 《富有动感的可爱小人》

四、想象能力的开发

利用不同材料创造艺术形象本身就是创造的过程，而且是创造外显的过程，学前教育专业学生在长期参与美术活动的过程中，积累了很多创造的经验，使隐性的创造力不断提高。经试验证明：这是创造能力发展的普遍规律。

培养想象能力可以利用多种材料和形式。

(1) 树枝，以树枝的基本形态为基础，想象、衍生艺术形象的过程(图 1-81 和图 1-82)。“那是什么”——借助其他辅助材料，用猜测的方法想象并用语言表述，之后可以用已有的制作技巧或绘画技巧加以表现。

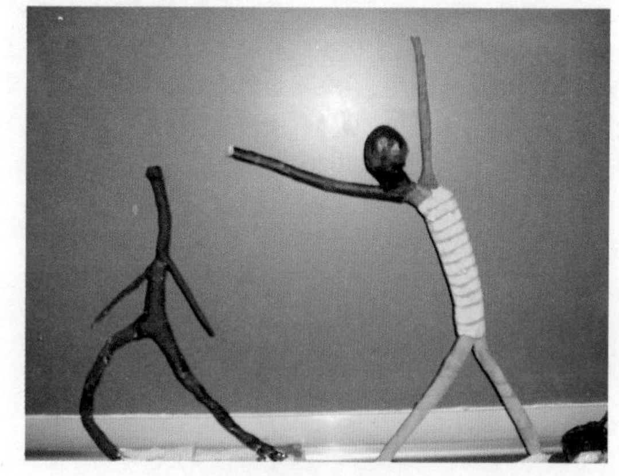

图 1-81 树枝一

图 1-82 树枝二

(2)“一张纸上的痕迹”，利用无意识撕纸或无意撒涂料，想象痕迹可能是什么，然后用已有的技巧经验，创造出完整的作品(图 1-83 和图 1-84)。

图 1-83 吹色的偶然

图 1-84 墨色的晕染

(3)“可能性”，利用可塑材料随意塑形，想象形象是什么，并用语言表述，如图 1-85 和图 1-86 所示。

图 1-85 掉落的树皮

图 1-86 树皮拼摆

以上所述都是培养形象能力的元素，只要教师具备足够敏锐的眼力和智慧，就会衍生出无数意趣十足的美术教育课程内容。

五、实践能力的开发

实践能力与良好的人格有很密切的关系，如个体能适应环境、有积极向上的情绪、有创造表达的需要、有善于思考乐于创意的动机、有认真谨慎的态度、有正确的价值观甚至有不屈不挠、不服输的性格，都是使想法付诸实践的必要条件。反之，有再好的创意，但在实施的过程中遇到困难就放弃，任何事情都做不成。因此，在手工艺术实践中，注重培养幼儿的良好人格（如注意力、认真严谨的态度等）是艺术价值得以实现的重要基础。图 1-87 和图 1-88 是一个集体艺术活动的场景，在照片中，可以清晰地分析参与活动者的状态，有的很被动、有的很主动、有的按部就班有条不紊、有的不知所措。

“只观察儿童的自发创造，或观察在一个给定任务内的单独表现是远远不够的。只有设计若干种任务形式，并合理地分析‘整理任务’完成过程中的各种发现，才能对儿童与符号媒介之间的关系下一个全面的结论。[①] 成人的艺术实践活动也是如此。”

图 1-87 集体活动现场一

图 1-88 集体活动现场二

① Howard Gardner. 艺术·心理·创造力. 齐东海，等，译. 北京：中国人民大学出版社，2008.

学前教师在手工课程中应具备的基本能力

任务一　了解学前教师在视觉空间艺术中应掌握的通识能力

一、构图能力

构图(Composition)意为组合、构成。在视觉艺术创作中,一般指在平面的物质空间上安排和处理客体的位置、关系,把多个局部或个体按审美规律合理地组合成整体,用以表现画面和形象的审美效果。在中国美术发展史上,早在南齐谢赫的著作《画品》中,写有美术品评标准和美学法则——六法。其中的"经营位置"指的是构图的美学法则。中国传统绘画中非常重视构图,北宋的全景式山水、南宋的偏角山水、马远的"一角"、夏远的"半边"等都是构图的经典例证。

构图是美术创作的第一步,有人形象地将其描述成建筑艺术中的"打地基",意在表达构图的重要性。在幼儿教师绘画基础上,我们将构图知识具象化,根据画面形式线与地平线的关系和内容表达不同,将其归纳、分类如下。

(一) 通识构图知识

构图是形式美最简约的体现。画面中主要景物之间构成主要形式线,形式线间形成的各样关系构成不同的画面形式感,以此表达作者想要体现的创作思想和主题。

1. 水平式构图

水平式构图以平缓的水平形式线为主,有平静、安逸的感觉、适合表现风平浪静、安乐祥和的心境,如图 2-1～图 2-4 所示。

图 2-1　水平构图一

图 2-2　水平式构图二

图 2-3 水平式构图三

图 2-4 水平式构图四

2. 正三角式构图

正三角式构图(三足鼎立式)画面最稳定,也是构图中常采用的形式,适合表现不容动摇的信念,如图 2-5 和图 2-6 所示。

图 2-5 正三角式构图一

图 2-6 正三角式构图二

3. 倒三角式构图

倒三角式构图在常规构图中比较少见,因倒三角给人不稳定、将要倒塌、压抑、沉重的感觉。因此,表达特殊心境,或不稳定事态时可采用这些非常规性构图,如图 2-7 和图 2-8 所示。

图 2-7 倒三角式构图一

图 2-8 倒三角式构图二

4. 垂直式构图

画面中形式线关系垂直出现，多表现庄重、庄严、肃穆的感觉，如图 2-9 和图 2-10 所示。

图 2-9　垂直式构图一

图 2-10　垂直式构图二

5. 曲线式构图

曲线在造型艺术中是常被追捧的元素，有阴柔之美，多与女性联系在一起，如图 2-11 和图 2-12 所示。例如在京剧舞台上，花旦以 S 形如流水般行走在舞台中间，以表现旦角的柔美婀娜，这是舞台上形式美的体现手段之一。

图 2-11　曲线式构图一

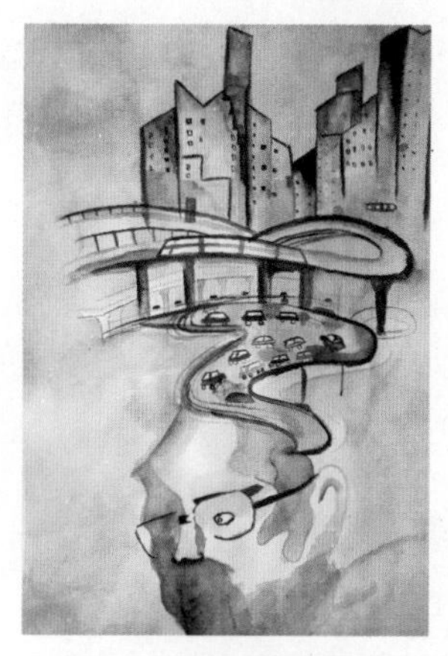

图 2-12　曲线式构图二

（二）构图知识在幼儿园墙饰中的应用能力

在幼儿园环境装饰中，墙的装饰和设计是重要的组成部分之一。首先，因为其位置重要（楼道墙、活动室的主题墙等），而且面积大；其次，墙的设计和装饰能反映教师的教育智慧（如主题墙）和审美取向。但在实际工作中，墙的设计和装饰会出现一些问题，可视性问题是构图、配色和材料应用的问题，这里着重解决构图问题。

墙的设计和装饰构图与绘画构图大同小异，很多人可以在绘画时有效构图，但进行墙饰设计时就忘记了绘画中学到的构图知识。因此在图文如何搭配、图文位置和面积分配、墙面秩序等方面容易出现较多问题。其实只要把要装饰的墙看作一张放大的纸，多选择水平式构图进行装饰即可。

1. 墙面秩序

图 2-13～图 2-16 所示墙面设计出现严重的秩序问题。幼儿教师在设计墙面的过程中只关注内容的堆积，无形中忽略了秩序美的法则。秩序美包括很多内容，不只是位置的秩序排列，颜色变化的秩序性、垂直和水平位置秩序、每一个元素规格统一的秩序等都是形成秩序美的重要组成部分。

图 2-13　墙面装饰高高低低

图 2-14　装饰过大且无序

图 2-15　大小规格不统一

图 2-16　作品展示不美观

图 2-17～图 2-20 选择水平式构图，而且用规格相同或近似的元素，按照一定秩序装饰墙面，因此，符合大多数人的视觉审美。

图 2-17　秩序美一

图 2-18　秩序美二

图 2-19　秩序美三

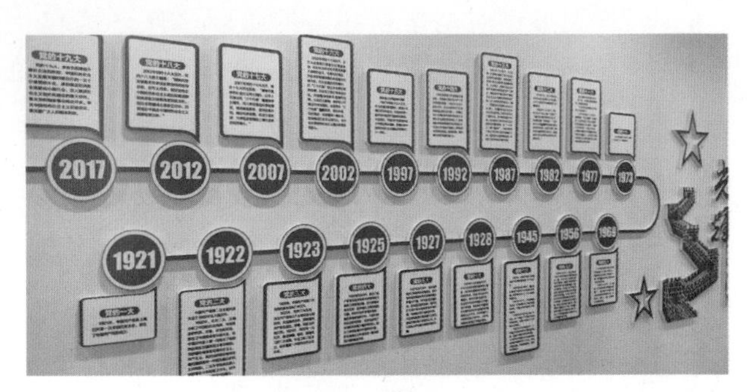

图 2-20　秩序美四

2. 图文位置和面积

幼儿园墙面装饰设计时，免不了会出现主题文字。部分教师只想突出主题文字，却忽略了主题文字的美感和作用，忽略了主题文字在墙面中应该占多大面积。因此，在装饰过程中会出现如图 2-21 和图 2-22 所示的现象。

图 2-21　装饰过多

图 2-22　文字过大

幼儿园墙饰中的文字主要是给成人观看，对于幼儿而言，那只是一个有色、有形的符号。因此，文字不宜过大，而且用变体文字标识主题更具美感。

3. 不同内容形式的统一

在幼儿园墙面设计和装饰过程中，为了呈现装饰材料、装饰技巧、展示内容的多样，放大了各元素自身的视觉效果（图 2-23～图 2-26），忽略了它们之间的协调统一。

图 2-23　各元素不协调一

图 2-24　各元素不协调二

图 2-25　各元素不协调三

图 2-26　各元素不协调四

在环境装饰过程中，如果各元素都彰显各自的视觉特性会显得凌乱。因此，特别是用手工材料设计装饰墙面时，既要考虑颜色、形式、材料等整体化一的秩序性，又要考虑各元素、各材料的空间视觉特性，如图 2-27～图 2-30 所示。

图 2-27　颜色统一

图 2-28　格式统一

图 2-29　装饰统一

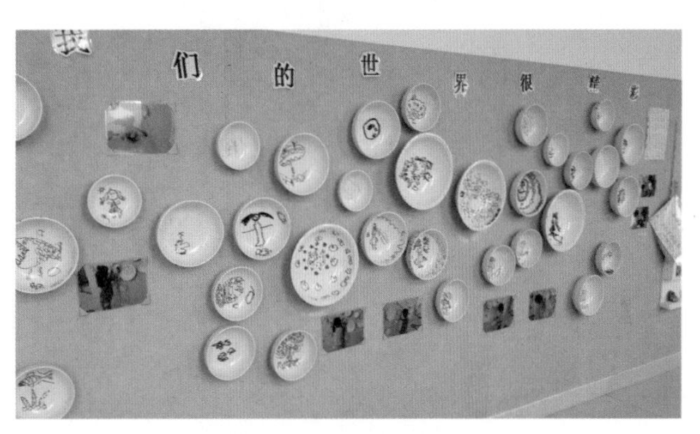

图 2-30　底墙装饰统一

二、造型能力

（一）造型的定义及分类

1. 造型的定义

造型是指用点线面元素塑造形象。多表现在技巧和技法上，在这里多指在平面纸张材料上塑造形象。

2. 造型的分类

一般绘画形象最典型的有三类：具象形、抽象形和意象形。

（1）具象形也可称写实具象形（图 2-31 和图 2-32），多以绘画作品为主要表现形式，如油画、水彩、水粉、彩铅画。因表现过程受物象特点、比例、透视、虚实、结构、色彩关系等专业审美标准的困扰，需要长时间实践练习和训练才能够表现具象写实造型。

图 2-31　写实作品一

图 2-32　写实作品二

利用综合材料表现具象写实造型需要更全面的技巧和艺术实践经验，较绘画而言，难度很大。图 2-33 和图 2-34 是用写实的方法表现物象的实例。

图 2-33　软陶制作的鱼

图 2-34　超轻黏土制作的食物

（2）抽象形没有具体形象，但它可以通过点、线、面等造型元素和抽象化的符号表达主题和作者的创造思想，体现独特形式美的艺术特征。

抽象形是幼儿可以掌控的符号元素，但在学前专业手工艺术课程中一直被忽视。此现象不仅是对造型观念的缺失，同时也缺乏对“抽象元素与幼儿审美及创造能力发展”课题的探索。

著名当代画家、美术教育家、散文家吴冠中先生，以他多年勤奋的画笔和不辍的文学之笔共同打造“抽象与形式”（图 2-35 和图 2-36）的经典艺术思想，表达以抽象传达形式美的追求目标。实践表明，在引导幼儿欣赏吴冠中先生作品的过程中，幼儿能够感受到画面中点、线和面的存在，特别是对线的表现和变化中的美感能够理解。同时，幼儿能够模仿画中点、线及墨色的变化，表达自己的独特认知和创作。

图 2-35　吴冠中作品一

图 2-36　吴冠中作品二

3～6 岁儿童的造型能力处在象征期和图示期，他们的造型能力虽然不如成年人那样随心所欲，但儿童把握图形符号的能力却如艺术家一般。孩子们由心而生的图形符号与画家们作品中的图形符号极为相似。他们能用奇形怪状的图形表达对周围世界的认知经验，表达自己内心的直觉和想象，儿童对抽象形的运用能力比艺术家还要自然、流畅、生动、感人。让孩子欣赏和临摹米罗的画时，他们做得非常完美。图 2-37 和图 2-38 所示为幼儿的图形符号创意作品。

图 2-37　图形符号创意一

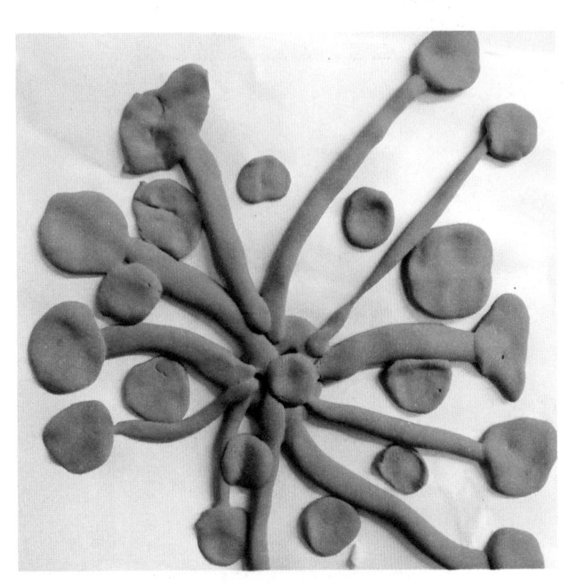

图 2-38　图形符号创意二

幼儿利用抽象符号创作的过程中，思维流畅、敏捷而大胆，没有一丝犹豫和静止，创造出的形象生动无比。

幼儿教师在利用抽象符号创意的过程中，需要冲破很大阻力，这种阻力源于写实造型的固有观念，源于对抽象造型的陌生和认知不足。如果幼儿教师注重开阔自己的眼界，广泛欣赏不同艺术并将不同艺术表现形式融合运用，就有可能创作出更多具有个性特征的创意作品。图 2-39 和图 2-40 是幼儿教师模仿抽象造型，拘谨呆板，缺乏生动。

图 2-39　幼儿教师利用符号创意一

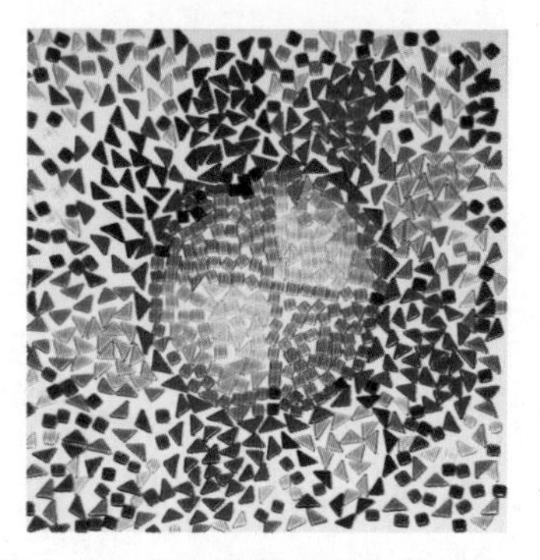
图 2-40　幼儿教师利用符号创意二

(3) 意象形介于具象形和抽象形之间，带有很强的主观造型和主观审美色彩。

例如，龙的形象是我们中华民族的图腾，表达旺盛、永恒的力量。龙的形象就是典型的意象形，是在鹿、狮子、鹰、蛇等动物形象特征的基础上，经过长期的思考完善创生出的意象形象。

民间艺术、装饰艺术和现代艺术都体现着创作者的主观造型和主观审美(图 2-41～图 2-44)。如年画、装饰画、写意画、剪纸、皮影、民间玩具、布艺等。

图 2-41　棉织小猪

图 2-42　蛋壳人物

图 2-43　纸线老鼠

图 2-44　折纸人物

（二）意象造型的基本方法

虽然意象造型带有极强的主观色彩，但不意味着随心所欲，特别是在艺术表现不够娴熟的情况下。那么如何把握意象造型的审美取向呢？掌握以下造型规则是积累造型经验，提高审美取向的技巧。

1. 概括与简化

概括与简化是意象造型的重要艺术手法之一，其方法是保留物象最重要的特征，简化和概括无关紧要的结构和琐碎部分，目的为使物象外部造型特点一目了然、简洁大气、不流于繁杂（图 2-45～图 2-51），如装饰画艺术、皮影艺术、剪纸艺术、工艺，特别是手工课程中的各种造型技艺等。

图 2-45 概括与简化一

图 2-46 概括与简化二

图 2-47 概括与简化三

图 2-48 概括与简化四

图 2-49 概括与简化五

图 2-50 概括与简化六

图 2-51 概括与简化七

2. 装饰与添加

装饰与添加是在简化和概括的基础上，为使简化后的物象更具不同风格的美感，因此，多使用点线等造型元素，对简化和概括后的物象进行装饰。装饰的方法又包括纹样装饰和颜色装饰。值得关注的是，手工课程内容的探索使装饰的手段更加丰富，过程中创意出了更多的材料和技法融合的装饰方法。手工装饰过程中已跨越对平面形的美化，可以自由游走于平面与立体空间之间。

(1) 纹样装饰多以黑白画为主，如图 2-52 和图 2-53 所示。

图 2-52　纹样装饰一

图 2-53　纹样装饰二

(2) 颜色装饰主要体现于用意象化的颜色填充物象，如图 2-54～图 2-56 所示。

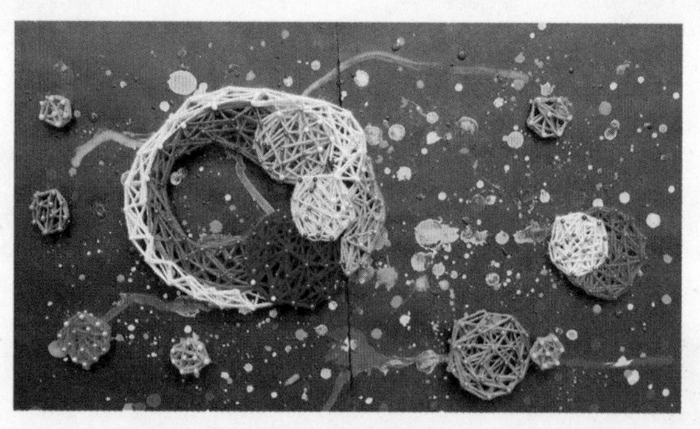

图 2-54　颜色装饰一

图 2-55　颜色装饰二

图 2-56　纹样颜色综合装饰

（3）手工技巧和方法装饰的特殊魅力，如图 2-57 和图 2-58 所示。

图 2-57　折纸装饰

图 2-58　绕线装饰

3．夸张与变形

夸张与变形是对物象的整体形态、姿态或局部结构、特征进行夸张，使长的更长、圆的更圆、瘦的更瘦、矮的更矮、可爱的更可爱。夸张虽然以主观感知为主，但也需要遵循一定的审美规则。

（1）比例夸张。比例夸张是在形象特征的基础上，将长的地方画得更长（如蛇）。把圆的画得更圆（如熊）。比例夸张最奇妙的地方是可以将可爱的形象变得更可爱，如图 2-59 和图 2-60 所示。

图 2-59　头和身高比例夸张

图 2-60　圆圆的头和眼睛

（2）动态夸张。动态夸张是为了表述形象做事的状态。如奔跑如飞、饿虎扑食、轻手轻脚、趾高气昂都是对动态的描绘，都有夸张的成分，如图 2-61 和图 2-62 所示。

图 2-61　夸张动作表达兴奋心情

图 2-62　夸张动作表达劲头十足

图 2-63　大象形象

（3）特征夸张。动植物因其独特的外形，使我们很容易区分它们。例如，大象有巨大的身躯，扇子一样的耳朵，长长的鼻子，弯刀一样的牙齿，柱子一样的粗腿，小猪一样的细尾巴（图 2-63）。小巧的老鼠，有尖尖的嘴巴，圆溜溜的眼睛，大大的耳朵，圆溜溜的身子，长长的尾巴（图 2-64）。描述大象和老鼠外形的时候用了概括和夸张的语言，把文字语言具体形象化便有了夸张的大象和老鼠形象。

4. 拟人与趣味

拟人的手法和形象在幼儿园美术及环境创设中很常见，不仅因为拟人化的形象更加可爱生动，更因为儿童的"泛灵思维"更易理解和接受拟人及性格化的物象（图 2-65）。

图 2-64　小老鼠形象

图 2-65　五官拟人

图 2-66～图 2-69 所示的这些形象源于不同材料和技法的拟人形象，每个形象都有动人的故事，每个故事都可能是有计划、有目标的教育过程，幼儿会把自己与故事中的可爱形象融合在一起，使情感与认知在不知不觉中得到发展。

图 2-66　童话

图 2-67　旅行

图 2-68　友谊

图 2-69　大象

（三）造型知识在幼儿园工作中的应用能力

造型能力是将物象素材、认知水平、想象创造、设计过程、美学思想等用不同造型手段外化的一种能力，这个概念有较强的综合性（包括造型技巧的能力和用形象表达思想的能力）。但值得注意的是，幼儿园范围内的造型特点，一定要适合儿童的审美水平和审美趣味。

1. 环境装饰中的造型

幼儿园环境装饰是幼儿园环境创设中的重要组成部分。它的范围很广泛，如墙饰、标识牌。儿童视觉感受到的物、形、色等都能对儿童的情绪、兴趣产生一定的影响。幼儿园环境中用于装饰的形象，多为可爱、赋有趣味、拟人化的卡通形象。因此，幼儿教师要有熟练的技能，根据教育计划及目标的需要，绘制符合幼儿审美需要的形象。图 2-70～图 2-74所示为幼儿园装饰样例。

图 2-70　可爱的小鸡

图 2-71　噘嘴的企鹅

图 2-72　花环

图 2-73　抽象装饰

图 2-74　陶泥小猫装饰

2. 玩教具中的造型

玩教具制作是幼儿教师的岗位职责之一。儿童的思维具象、知觉思维，用有形的玩教具激发幼儿的学习兴趣，将幼儿带入情境化学习环境，是幼儿教师教学机智和教学能力的体现。在语言、艺术、常识甚至科学社会为目标的集体活动中，少不了玩教具的参与（图 2-75～图 2-82）。因此，玩教具的形态、颜色、材质、美感等，都是教师思考和探索的重点，尤其是造型。如给幼儿传授关于鬼节的民俗文化，不能将玩教具做得让幼儿感到恐怖，即使必须制作鬼的形象，也要使其符合儿童的审美要求。

图 2-75　图形类玩具

图 2-76　圆形类玩具

图 2-77　语言类玩具

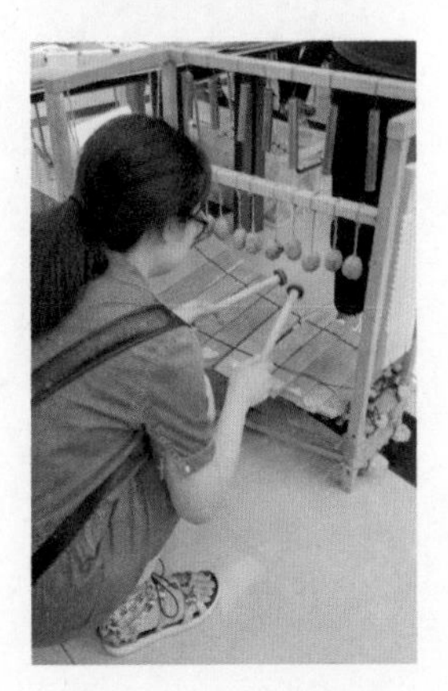

图 2-78　音乐类玩具

图 2-79 打击类玩具

图 2-80 穿编类玩具

图 2-81 建构类玩具

图 2-82 益智类玩具

三、配色能力

在对幼儿园教师美术素质调查中发现，大多数幼儿教师在环境装饰中，配色问题比较突出。环境中多种目标、多种元素、多种材料、多种形式的共融性，使教师很难把握颜色搭配准则，混乱的颜色缺少秩序感和画面统一感。

（一）通识配色知识

1. 掌握颜色术语

有些教师认为准确掌握颜色词汇和术语没有必要。首先，幼儿教师不是专业绘画工作者，接触的只是几种简单的纯色；其次，需要用色时拿来直接用即可，并没要求必须说出颜色名称。

前面讲过，儿童的色知觉发展与掌握的颜色词汇丰富与否有很大关系；此外，优质幼儿美术教育的目标规定，教师必须用适合幼儿年龄的、科学的手段向幼儿介绍美术专业用语。因此，幼儿教师掌握并在幼儿手工艺术教育中运用颜色术语，是必备的教育素养。

(1) 三原色：指红（应为品红）、湖蓝、柠檬黄三种颜色（图 2-83 和图 2-84）。

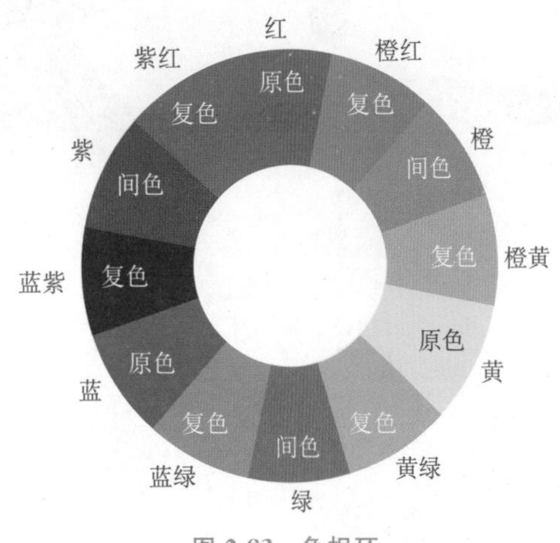

图 2-83　色相环

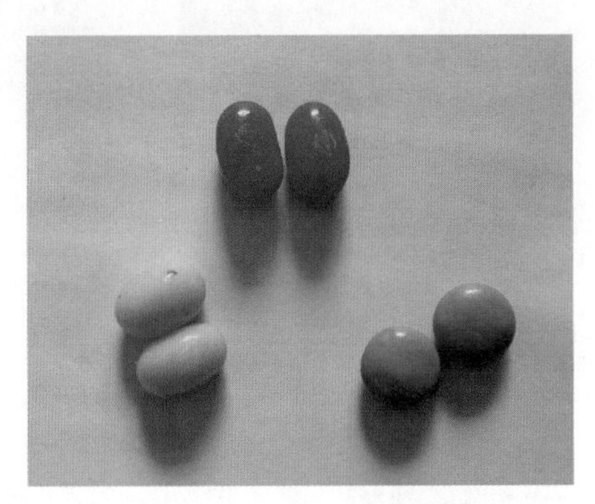

图 2-84　生活中的红黄蓝

(2) 间色：三原色两两相加调出的颜色，称为间色，也叫二次色。如黄色＋红色＝橙色；红色＋蓝色＝紫色；蓝色＋黄色＝绿色（图 2-85 和图 2-86）。

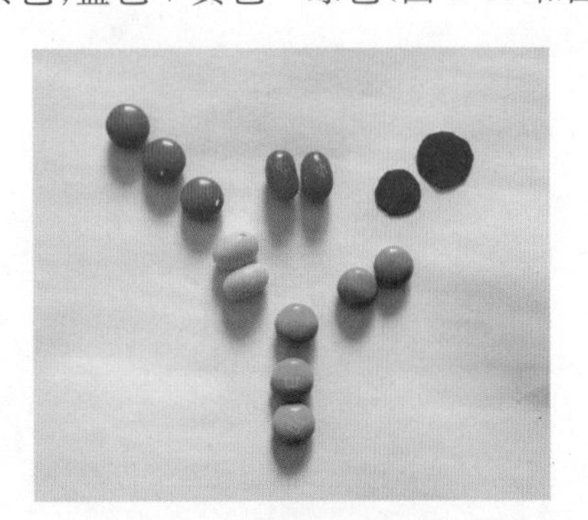

图 2-85　原色与间色一

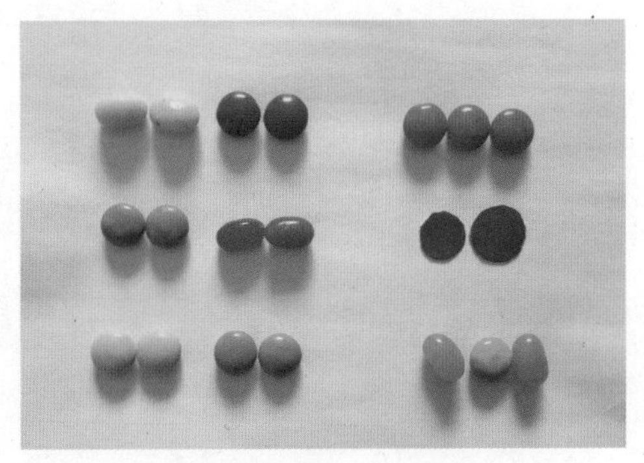

图 2-86　原色与间色二

(3) 复色：三种或三种以上的颜色调和而成的颜色是复色。复色视觉效果比较灰，不够明快（图 2-87 和图 2-88）。

图 2-87　复色画面一

图 2-88　复色画面二

(4) 同类色：又叫同种色，指色相相同，明度和纯度有差别的一类颜色(图 2-89 和图 2-90)。

图 2-89　同类色画面一

图 2-90　同类色画面二

(5) 类似色：顾名思义，相貌相似的颜色。在色相环上，称 30°～45°的颜色为类似色(图 2-91 和图 2-92)。

图 2-91　类似色画面一

图 2-92　类似色画面二

类似色运用

(6) 邻近色：在色相环上 0°～90°的颜色称为邻近色。如黄色与绿色、蓝色与紫色、蓝色和绿色(图 2-93 和图 2-94)。

图 2-93　邻近色关系一

图 2-94　邻近色关系二

(7) 对比色：色相环上 120°～180°的颜色都称为对比色。如红色—蓝紫色、黄色—紫红色、紫色—绿色等。图 2-95 和图 2-96 都是对比关系的画面，视觉效果鲜艳明快。

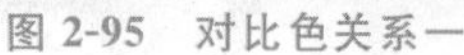

图 2-95　对比色关系一

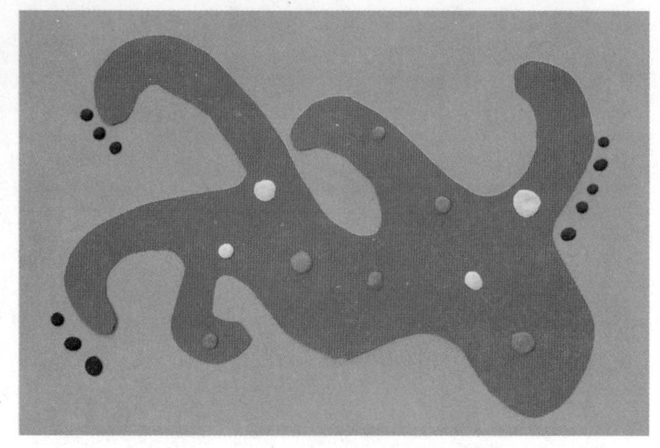

图 2-96　对比色关系二

(8) 补色：色相环上 180°相对的两个颜色称为补色，如黄色—紫色、绿色—红色；蓝色—橙色（图 2-97 和图 2-98）。

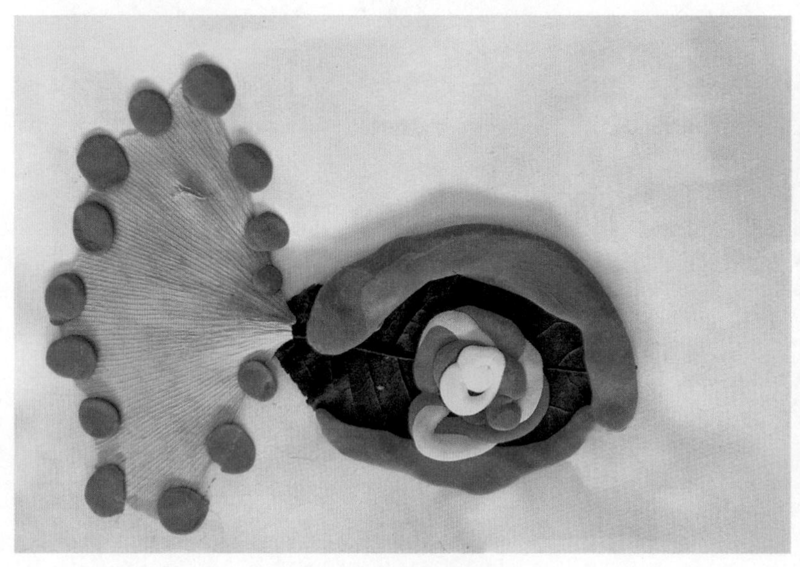

图 2-97　补色黄色与紫色

图 2-98　补色橘红色与绿色

2. 颜色的属性

当一种颜色呈现在我们面前时，我们要靠颜色的色性或属性描述它。一般来讲，色彩含有三个属性，即色相、明度、纯度。

(1) 色相即颜色的相貌，实际上是人们为区分颜色而起的名字。根据牛顿光谱色，色相环中有红、黄、蓝三个基本色相，这三个颜色之间是色相的区别，也是色彩最基本的特征。其他颜色则是在其基础上再衍生、分类，如红色可以分为橘红、朱红、大红、紫红、桃红等类似的颜色。色相环上的每一个颜色都是一个色相。

(2) 明度指颜色的明暗程度，具体指色彩中的黑白灰关系（图 2-99）。

颜色的明度关系包括同一色相的明度变化和不同色相的明度变化。同一色相改变明度最直接的方法是加入黑色或白色。

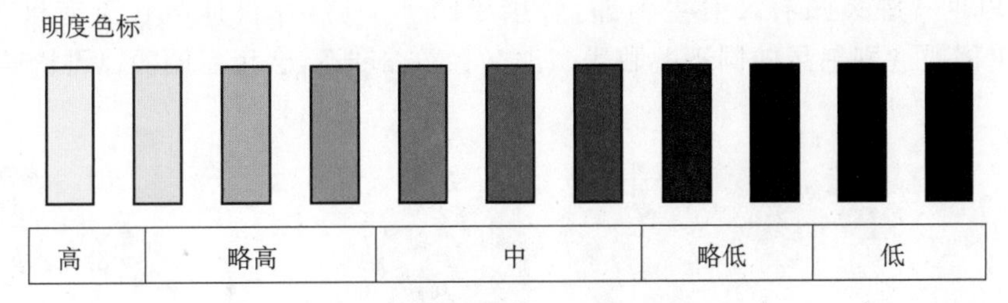

图 2-99　明度色标

(3) 纯度(色度)是指色彩的鲜浊或纯净程度(图 2-100)。

当一种颜色加入另外的色素时,它的纯度就降低了,加入的色素越多,纯度就越低。

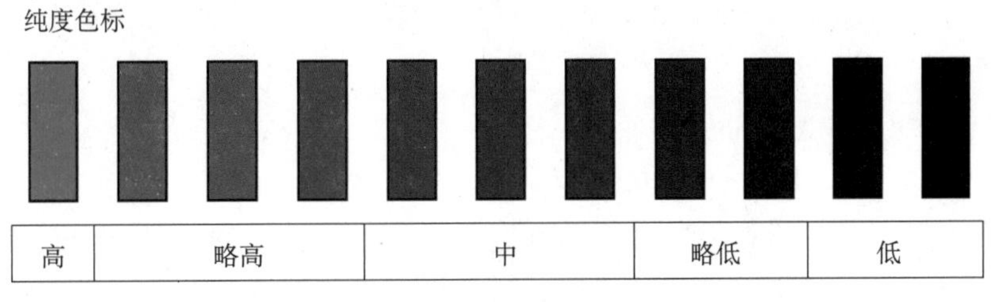

图 2-100　纯度色标

(二) 颜色知识在幼儿园工作中应用的策略

1. 颜色知识在环境创设中的应用

幼儿园环境创设和装饰的过程中,因为配色的无依靠性使教师很难掌握一定的配色规则。另一个重要原因是,幼儿园用于环境装饰的材料多为手工材料,如纸、包装材料。因此,纸张的颜色左右和制约着教师对颜色使用的自主性。市面上纸张的颜色多为色相鲜明的纯色纸,运用这些纸色装饰出的环境自然鲜艳无比,但使其颜色和谐统一就比较困难。图 2-101所示为不同色相的系列色纸。

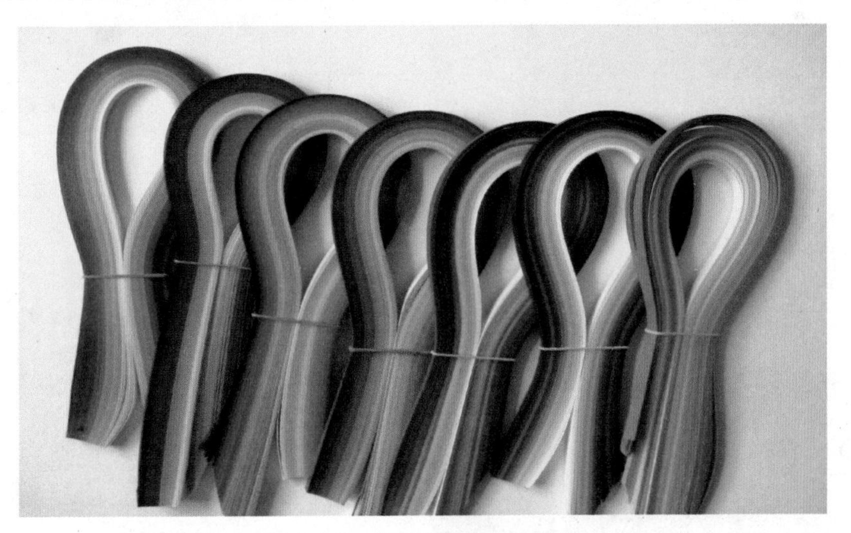

图 2-101　不同色相的系列色纸

因此,选择纸色或相关材料的颜色是环境颜色统一协调的步骤之一。图 2-101 是根据色相分类,每个色相按色系形成类似或同类色体系。如果按照这样的分类方法收集市场上的材料及颜色,按冷色系、暖色系、邻近色系或同类色系设计环境,就很容易解决环境装饰中颜色和谐统一的问题(图 2-102 和图 2-103)。

图 2-102　冷色系

图 2-103　暖色系

2. 颜色知识在手工教育活动中的应用

手工在幼儿活动中的运用

颜色在手工教育活动中的应用主要体现在向幼儿传授颜色知识，引导幼儿用颜色进行艺术表现。通过怎样的途径和教育手段将颜色知识、技能按照不同的层次和目标传授给幼儿？使幼儿通过不断地参与手工教育活动，从中得到“智力”和“非智力”两大方面的发展。

例如，《小蓝和小黄》(图 2-104 和图 2-105)是用撕纸的方法，富有趣味地向幼儿传授黄色和蓝色两个原色调和在一起会变成绿色的故事。幼儿在故事情境中了解了颜色变化的过程，在情趣中掌握了色彩知识。

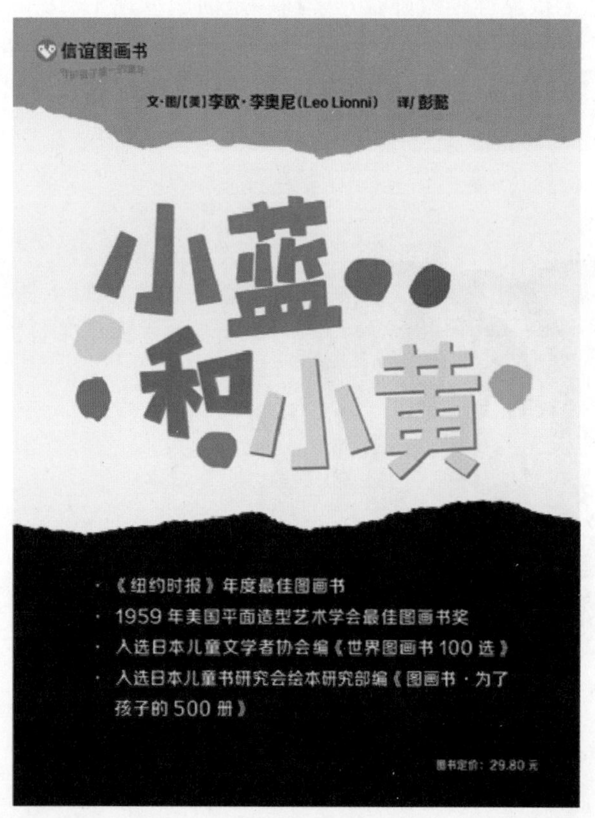

图 2-104　绘本书

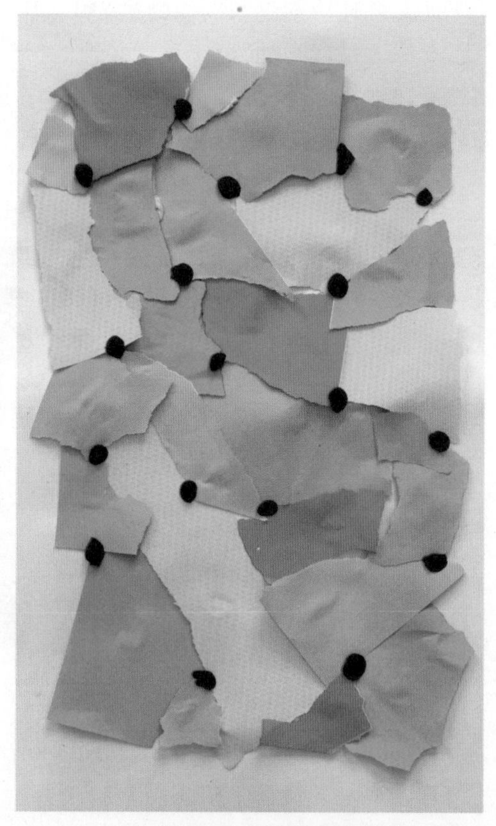

图 2-105　撕出的颜色

任务二 学前教师应掌握手工材料的基本技巧

一、剪

“剪”字不难理解，是个动词。但在纸艺操作中，它的内涵和外延就不是那么简单了。它表述的不只是一个动作，还包含用什么剪、怎么剪、为什么剪、剪什么等深层次的思索和技法。

二、刻

常在剪纸中见到刻的技法。刻和剪在剪纸中是密不可分的。根据工具和材料不同，刻的技法应用更广泛，如刻印戳、石刻、木雕刻、版画中的刻板(图 2-106 和图 2-107)。

图 2-106 刻 KT 板

图 2-107 刻石膏瓶

三、折

折，从表面看它只能形成线或印痕，实际上这是一种了不起的技巧。一张平面的纸，不需任何技法辅助，只用折法就能形成异彩纷呈的各种造型(图 2-108 和图 2-109)。

图 2-108 折的动作

图 2-109 折纸作品

四、编

编主要是将各种线材质塑造成型的技巧，如纸线、铜铁线、藤状物、树的枝条、植物的叶条。在民间手工艺中，藤编有很长的历史，我们手工课程中的编法就是借鉴的民间艺术（图 2-110和图 2-111）。

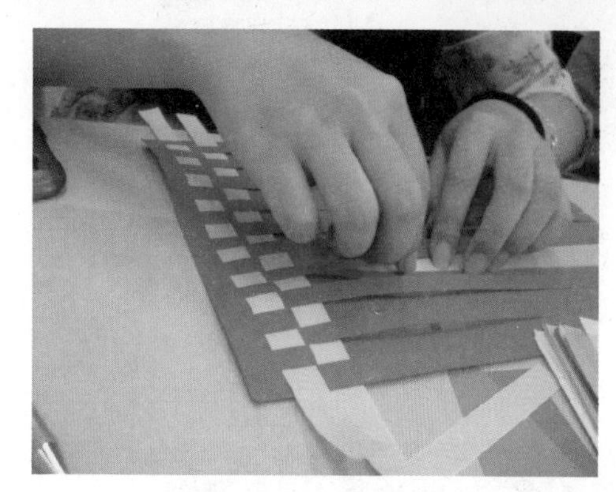
图 2-110　穿编动作

图 2-111　穿编作品

五、镂空

镂空是装饰技法之一，指将平面或立体形镂去一部分，保留需要的图案。看上去图案突出，有通透感，别有韵味（图 2-112 和图 2-113）。服装、家具甚至建筑都有镂空的痕迹。我们熟悉的剪纸艺术有个别致的名字就叫镂空艺术。

图 2-112　雕镂

图 2-113　刻镂

六、团、拧

团是将平面材料进行褶皱处理的技法。为了特殊需要，还可以将平面材料团起来塑成某种体积或形象（图 2-114）。

拧和团相似，但比团成型紧凑、结实，可以更细致、更具象地塑造形象（图 2-115）。

图 2-114 团圆形

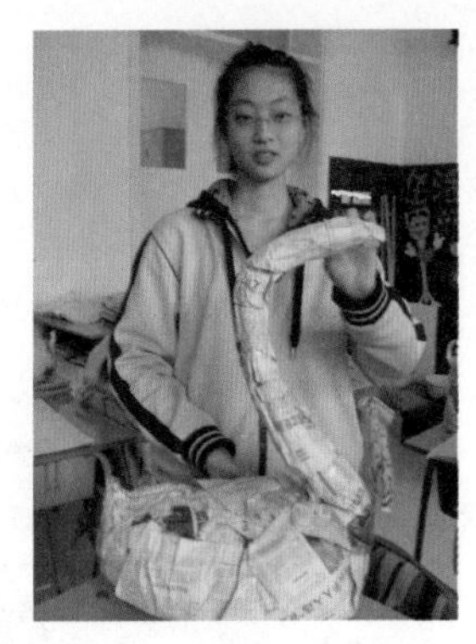

图 2-115 鹅脖子需要拧

七、压按

压按，表面看很像泥工当中的手法。泥工中的“压按”是将立体的形状压下去变平整。例如将圆球状压下去，使其成为圆形(图 2-116 和图 2-117)，将橄榄球压按下去，使其成为椭圆形等。而在纸工艺中用压的方法，是将平面纸形的边缘压下去，使其看起来有立体的感觉。例如将圆形的边缘压下去，平面圆形就变成圆形浮雕。

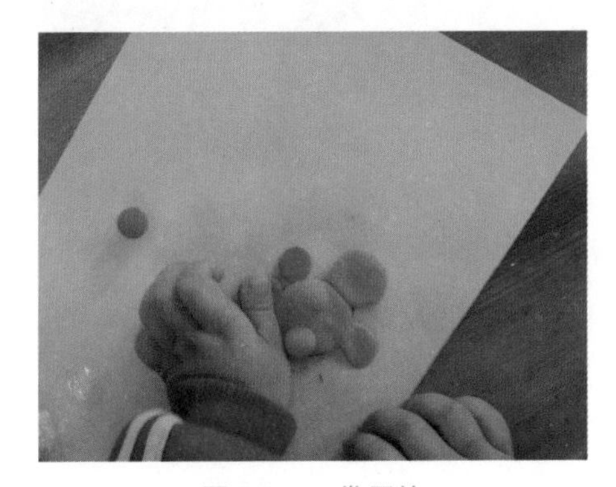

图 2-116 掌压按

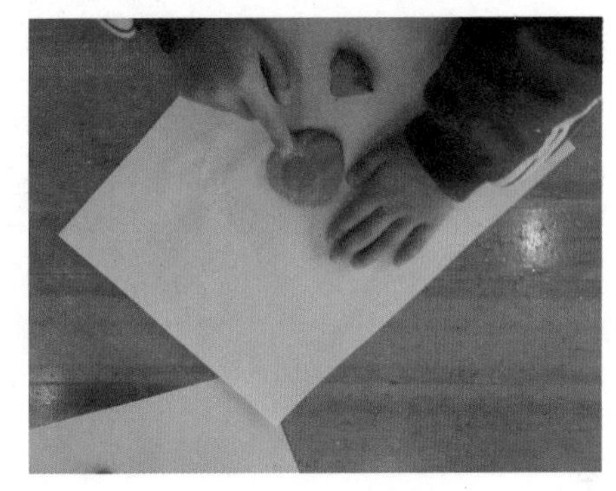

图 2-117 指压按

八、插接

插接是组合方法之一，是将零散的部分按照设计插接在一起，使其形成完整的形象(图 2-118 和图 2-119)。

图 2-118 插接作品一

图 2-119 插接作品二

九、卷

卷是将纸条卷成松紧不同的纸卷，然后再造型（图 2-120），也可将正方形或长方形纸卷成粗细各异的纸筒，然后再造型（图 2-121）。

图 2-120　卷出来的作品

图 2-121　纸卷作品

十、搓

搓是用软皱纹纸再造型的一种技法——搓纸线。此外还有对泥的造型技法——搓泥条等。

十一、粘贴

粘贴并不是纸工艺中的自然流程，而是有一定技巧的手法。我们在粘贴环节要解决：用什么材料粘，怎么粘，粘哪里，单层粘还是多层粘等问题。粘贴方法不同，粘贴时使用的材料不同，形成的视觉效果和意义便产生差异（图 2-122 和图 2-123）。

图 2-122　粘贴作品一

图 2-123　粘贴作品二

十二、染

染是纸材料制作中的一个技巧。在纸材料制作中，不宜出现明显的线和涂色痕迹，明显的涂色痕迹会破坏纸制作的视觉效果和精致度，如果需要细微改变纸的颜色，使其色彩变化丰富，一定使用棉签，蘸粉状颜色，轻轻染，使纸面自然变色（图 2-124）。

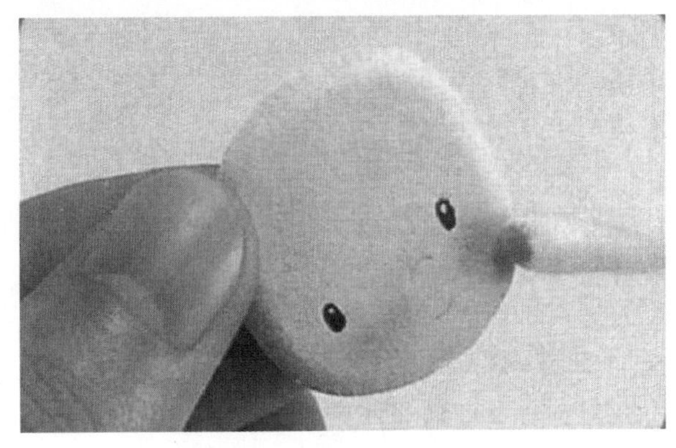

图 2-124 棉签蘸色粉染色

十三、拓

拓是复制、再造的技巧（图 2-125）。用这种技巧可以复制出我们需要的物品，还可以作为一种艺术活动，它可以用比较简洁的方法使幼儿获得成功的喜悦。如用报纸拓瓶子、气球，用石膏拓艺术品（图 2-126）。

图 2-125 喷拓

图 2-126 拓气球制作的作品

任务三 学前教师在设计幼儿手工教育活动中应具备的基本能力

为幼儿设计手工教育活动或区域活动，是教师教学能力及教育素养的体现。这需要一些必要的知识结构的支持：首先，要了解幼儿各年龄段的手工能力水平；其次，要掌握丰富的手工艺术活动实践经验；再次，要掌握设计手工艺术教育活动方案的基本结构；最后，能把其他领域的知识与以上三点结合起来。

一、学前儿童的手工能力

（一）《3～6岁儿童学习与发展指南》中儿童的能力目标

在《3～6岁儿童学习与发展指南》中，很宽泛地从感受与欣赏、表现与创造两方面对儿童的发展及目标提出指导性建议。在这两方面中，尤其是对中、大班儿童，在材料认知和应用方面要求更具体，相对绘画占的篇幅较大。因此，幼儿教师必须具备与手工教学活动和手工区域活动的相关经验和能力，才能顺利完成《3～6岁儿童学习与发展指南》中提及的指导目标。

（二）3～6岁幼儿普遍手工能力

1. 孔起英提出的幼儿手工能力三阶段

孔起英在《给幼儿园教师的101条建议·美术教育》中，将幼儿的手工能力分为三阶段。

(1) 无目的活动期(2～4岁)

在无目的活动期，由于幼儿掌控材料工具的动作能力、认知能力都处于初级阶段，因此，这时的幼儿满足于对工具、材料的探索和熟悉过程。他们很难理解头脑中的物象或形象认知经验与摆放在面前的工具材料有什么关系，此时的幼儿手工操作技巧基本为零。因此，幼儿在此时表现出一种无目的的状态。

(2) 基本形状期(4～5岁)

从长期的艺术实践和观察中可以发现，儿童手工能力的发展要晚于绘画能力。换句话说，只有将自然物象与绘制的形象建立联系，儿童才有可能具备用绘画的形式表现认知经验的能力，用手工材料进行艺术表现，还需要将材料的颜色、形态等与前面的能力建立联系，方能用材料再现事物。4～5岁的幼儿在绘画发展中属于象征阶段，此时的幼儿可以将物象与绘画造型元素建立联系，因此在手工制作方面，也会逐渐显现出基本的造型能力。

(3) 样式化期(5～7岁)

样式化期的幼儿，从动作发展、认知发展、对手工工具材料的认知和操作技能都有一定的提高。因此，在这个时期他们有一定能力用各种手工材料表达自己的创作思想。

2. 林琳和朱家雄提出的幼儿手工能力三阶段

林琳和朱家雄编著的《学前儿童美术教育》中也将幼儿手工能力分为三阶段，是在孔起英和徐德成(泥工)的阶段划分基础上，重新为每阶段赋予新的名词，并在每个阶段加入了幼儿对废旧材料的制作和能力表现。

(1) 玩耍阶段(2～4岁)

玩耍阶段的幼儿对教师提供的材料有兴趣，根据材料的可塑性，用大或稍精细的动作，无意识地探索材料。例如对泥反复做分泥、团、压、攥、捏、戳、搓、锤等动作，用以积累造型相关经验。再例如对纸材做撕、团、卷、剪、吹、抛接、揉、挥等动作，用触觉和听觉分辨纸的种类，积累纸的造型经验。

(2) 直觉表现阶段(4～5岁)

直觉表现阶段的幼儿已完全熟练以上动作，也积累了对纸材和泥材相关经验，开始尝试探索废旧材料与熟悉的物象及材料之间的联系(图2-127～图129)。

(3) 灵活表现阶段(5～7岁)

灵活表现阶段的幼儿对纸和泥材料的运用能力更加娴熟，对常见废旧材料的认知也愈加成熟。因此，幼儿在材料表现、材料融合使用方面，比直觉表现阶段有了很大进步(图2-130～图2-135)。

图 2-127 树叶与画结合

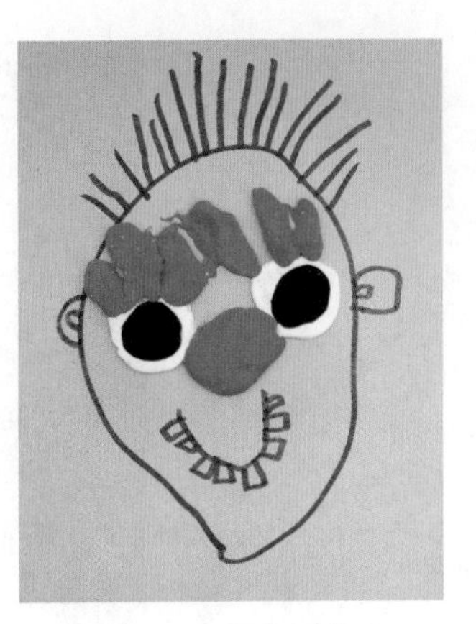

图 2-128 泥与画结合

图 2-129 吹色与画结合

图 2-130 小气球做的母鸡

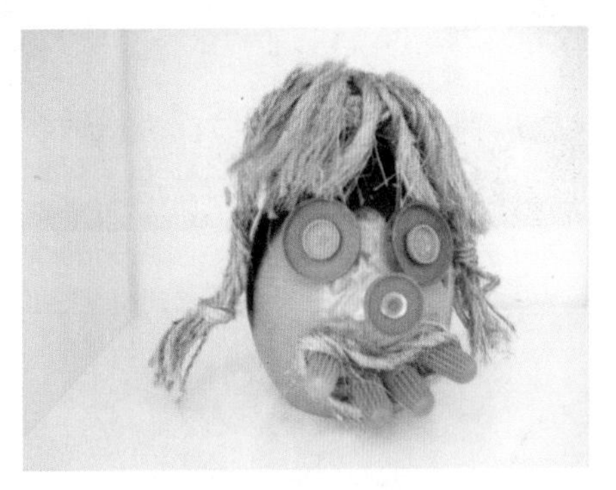

图 2-131 丑娃娃

图 2-132 气球做的蛋

图 2-133 愤怒的小鸟

图 2-134　石头鱼

图 2-135　海底的动物

二、幼儿手工教育活动设计方案基本结构

手工教育活动是美术教育活动的重要组成部分，活动设计方案的结构与美术及其他艺术领域的活动方案结构基本相同。表 2-1 为一个手工教育活动方案的基本结构。

表 2-1　一个手工教育活动方案的基本结构

一、活动名称及班级	活动名称和班级是每个教育活动方案中必须要写清楚的。这样可以让人对活动内容及适龄性做出直观判断，同时能一目了然地了解艺术活动的基本形式，如方形的脸（制作 中班初期）。 看到活动名称及班级首先知道这是中班的制作活动，然后提出问题和思考：中班选择制作脸，难易适合吗？怎样设计这个手工活动呢？为什么选择方形的脸？教师会为幼儿准备怎样的工具材料呢
二、活动方案设计思路	“方形的脸”的设计，是根据中班幼儿逐渐进入象征期，这时的幼儿可以用象征符号表现人的基本特征，但结构并不完整也不细致。因此，用方形的脸作为活动主题，目的为引导幼儿细致观察和表现脸的基本结构。 每个活动方案必须先有一个设计思路。设计思路是根据幼儿近期的关注点、兴趣点、技能状态等衍生而成的，是在总目标下生成的各种小目标
三、教育活动设计	（一）活动目标 活动目标的制定必须根据儿童真实发展水平和特点，以《幼儿园工作规程》和《幼儿园教育指导纲要（试行）》及《3～6 岁儿童学习与发展指南》为依据，由浅入深系统地制定目标，不能随意、无计划地制定琐碎目标，否则不利于幼儿的发展。活动目标的范围可以以培养常规为目标；以儿童能力发展为目标（智力和非智力发展）；以传授知识及审美意识为目标；以发展儿童手工技能为目标等。 必须注意：无论设定什么目标，目标内容一定要具体、夯实，不能虚无缥缈。如很多活动目标都习惯性地将情感目标定为：使幼儿体会到×××活动的快乐，这便是一种虚夸，乐趣是靠活动内容、形式等多种因素支撑才能产生的，是根据幼儿参与活动的热情和状态判断出来的，而不是简单地用一句话为一节活动下定义。 （二）活动准备 有教师简单地将活动准备理解为给幼儿准备一些材料，其实，活动准备环节包括很多内容。

<table>
<tr><td>三、教育活动设计</td><td>1. 教师准备
教师准备包括与本活动有关的知识经验的准备、对幼儿水平评估的准备、对活动过程可预见问题的准备、活动手段和方法的准备、教具课件或图片的准备、对活动工具材料的准备等。
例如，在一节小班玩色活动中，教师为幼儿准备了小的湿毛巾，目的在于：当幼儿手上沾了颜色后，可以迅速用小的湿毛巾擦手，然后可以顺利进行下面的活动内容。但幼儿把手上的颜色擦到小毛巾上后，毛巾迅速被颜色染透，致使桌面被带色湿毛巾弄得一团糟，如果教师准备较大一些的毛巾，并事先将毛巾放在一个较大的盘子里，这节集体活动就会进行得完整而成功。
2. 幼儿准备
幼儿准备主要包括相关知识、认知经验和技能的准备等。教师要对幼儿的“准备”有清晰的了解，否则会影响活动目标的实现，影响幼儿获得知识的兴趣。
例如，在一次观摩活动中，教师的活动内容为大班折纸活动。暂且不评价折纸活动对幼儿发展的作用如何，就教师选择折纸内容难易程度而言，反映教师对幼儿的水平及能力考量不够，因此一个活动下来，能够自主、独立折出规定形象的幼儿只有两位，其余五六位是在配班和主班教师的帮助下勉强折完的。这样的活动效果显然源于教师对幼儿做的准备工作不到位（之后了解到，教师选择了一个能力较强的班做展示活动，因此对孩子的能力水平不是很了解）。
（三）活动过程
基本活动过程不仅是教育活动具体实施的中心环节，还是教育目标和活动准备的检验阶段，是教师教育素养的展示阶段。
1. 导入
导入环节是为幼儿创设情境，引出主题，有计划地将幼儿带入活动过程中的环节。掌握和设计多样导入方式是教师必备的工作之一，合理、科学、富有趣味性的导入方式，可以有效地激起幼儿学习和求知的兴趣。
例如，《爸爸去哪儿》节目中有个有趣的环节——让爸爸们扮演不同的角色，通过林志颖扮演神仙的过程，可以清楚地观察到孩子被爸爸带到了爸爸虚设的情境中，他们的混沌思维模式完全将现实和虚幻情境混淆。在情境中，孩子们完全被情境中的人掌控，自觉自愿地按要求做事情……
教师在活动中也可以用不同的方式导入，如扮演角色导入、音乐导入、图片导入、视频导入、魔术导入、故事导入、动作导入、谜语导入等。需要把握的是，无论选择怎样的导入方式，一定与主题建立一定的联系，便于引出活动主题或内容。
2. 基本部分
基本部分是活动的核心部分，不仅显现教师的教育素养、教学机智，还呈现重点、难点的解决策略及教育手段的实施，并且将教师如何观察、发现幼儿在活动过程中的状态，如何辅导、帮助幼儿完成活动目标等能力全部外化。
3. 评价
这里的评价是针对幼儿参与活动的状态进行评价，评价的方式可选择自己评、互评和教师评价。实际评价中教师最难把握该如何合理评价幼儿的活动状态、作品情况。多数教师笼统地说“好”，不具体说明“好”在哪里，这样的评价含糊、不准确。
教师评价需把握以下几点：根据活动目标评价；根据幼儿作品情况及幼儿具体能力水平评价；根据常规要求评价；根据作品的独特之处评价；根据进步程度评价等。总之，教师评价应具体，最好做到画龙点睛</td></tr>
<tr><td>四、活动反思</td><td>活动反思是教师对自己组织活动过程、活动效果、幼儿发展及目标完成等方面做出的思考。反思的目的在于取长补短，根据具体情况可以不断修改活动方案，使最终方案具有更高的学术水平</td></tr>
</table>

三、优质幼儿手工教育的实质

什么是优质的幼儿手工教育？优质手工教育的标准是什么？这不仅是幼儿教师思考的问题，而且是教育研究者关注的问题。由于研究者研究视角的缺失，幼儿教师现有手工艺术素养的弱化，使幼儿园五大领域中的艺术领域缺少可参考的有效方法和探索途径。因此，导致优质幼儿手工教育目标虚化、弱化。如果手工艺术活动及教育没能使幼儿得到真正的发展，事实上已经停滞甚至制约了幼儿已有的天性。

（一）优质手工艺术教育的完整性

"美国艺术教育协会的艺术教育设立的艺术教育目标包括：艺术创作、美学、艺术批评和艺术史。"①从某种角度讲，美国艺术教育协会制定的目标为中国幼儿艺术教育活动，更具体地说，为手工艺术教育活动课程内容及结构的完整性提供了参考。

2013年上半年，针对"学前教育专业学生手工课程结构研究"课题，对北京市海淀区、丰台区、朝阳区、西城区、海淀区、石景山区、顺义区、密云区、通州区、昌平区24所一级一类幼儿园做了调查，结果表明：①幼儿园现有手工教育活动课程呈"零星复制"、"支离破碎"状态，即简单的几种课程内容在北京市范围内互相学习和复制。如剪纸、剪贴、折纸、泥工、叶子粘贴，手工艺术教育没有系统、连贯、完整的课程体系。②幼儿教师设计手工教育活动能力严重不足。在《幼儿园教师专业标注（试行）解读》第48页同样表明：由于幼儿教师的专业能力尚不能达到《幼儿园教师指导纲要》的要求，使《幼儿园教师指导纲要》的深入贯彻遇到极大阻力……教师的专业能力问题是《幼儿园教师指导纲要》深入实施的瓶颈……教师缺乏综合指导能力，缺乏通过游戏和生活促进儿童发展的能力……如果教师能力现状如此，很难使优质的理念得以实现，很难通过幼儿阶段的教育使儿童的能力真正得到发展。

幼儿园现有手工教育活动中，教师只关注幼儿手工操作和表现能力的提高，忽略了美学（审美方法、美的普遍法则等）、艺术评价（赏艺术作品）、艺术史（与手工艺术相关的工艺美术史、民间艺术史、建筑、装饰等发展史）等其他重要的方面，使手工艺术教育只沿着一条狭窄的道路崎岖前行，"道路"的宽度和厚度足以使手工艺术教育因无路可走而走到尽头。

本教材在此抛砖引玉，目的在于使学前专业的学生对优质的手工艺术教育结构有完整的认识，争取在自我发展和自我完善的过程中，完成对手工艺术教育全方位的探索。

（二）学前手工艺术教育活动的本质

1. 审美

"艺术与其他意识形态的区别在于它的审美价值，这是它最主要、最基本的特征，即艺术家通过艺术创作来表现和传达自己的审美意识和审美理想；欣赏者通过艺术欣赏来获得美感，并满足自己的审美需要。"②

手工艺术教育活动的目的不只让幼儿提高操作技能，更重要的是帮助幼儿将艺术、自然、社会事物之美和物象建立联系，使幼儿在成长过程中逐渐形成健康的审美意识。

2. 物象外化

艺术形式非常广泛，音乐艺术、舞蹈艺术、视听艺术、文学艺术等都属于艺术范畴，每种艺术形式都有独特的艺术符号语言。手工艺术也有自己特有的符号语言，但不是用文字、音符、肢体造型等符号表现，而是通过点、线、面、形、色、体、材料等视觉空间符号表现，本质是用手工艺术特有符号将心中的物象外化。

（三）手工艺术活动的领域特征

"一个优质的艺术教育融合了许多元素：制造美的事物，学习如何用愉悦、敏感和欣赏的眼光去观

① 芭芭拉·荷伯豪斯，李·汉森．儿童早期艺术创造性教育．邓琪颖，译．南宁：广西美术出版社，2009.

② 孔起英．学前儿童美术教育．南京：南京师范大学出版社，2007.

看艺术品；如何运用富有创造力和想象力的方式解决问题；如何把艺术结合到所有的科目中，寻找情绪和感情的发泄方式以及增强直观感受。”[①]提供课程研究的方向和方法。

手工活动应该将相关领域知识内容融合，但必须从目标设定、内容选择等方面有侧重，不可改变的是：中心活动是手工教育活动而不是音乐活动，也不是语言活动，更不是舞蹈活动，是具有手工教育独特性和学科特征的活动。

（1）案例：《中班 脱稿剪纸》活动中，教师选择用圆圈集体舞的形式导入，而且播放两遍音乐，做了两遍，占时比较长。

评析：导入舞蹈形式是可以的，但教师要清楚为什么选择这种形式，是为了观察舞蹈动作？还是为了满足环节的形式多样性？如果目的是为了观察动作，应该选择更好的形式，因为静止的动作更利于观察、描述和记忆。如果目的是后者，那么此环节与本次活动内容毫无关系，并且弱化了本次活动的重点和学科特性。

（2）成功案例：《大班 材料制作屎壳郎》。

教师选择视频导入，放视频前教师给幼儿提出具体要求：如观察什么内容、看什么情节、记住什么画面、记住每个画面不要错过，并让幼儿重复老师的问题和要求（评价：这个环节非常科学、有价值）。看完视频后教师根据前面的问题测试幼儿的观看情况（评价：这个环节首尾呼应，非常完整），教师觉得幼儿在观看过程中有疏漏，而且对屎壳郎的外形记忆不够深刻，又提出重点观看屎壳郎外形及结构的要求（这次重复对提高幼儿视觉形象记忆具有促进作用，是再现屎壳郎形象的基础环节），再次观看了一遍（评价：这个环节就非常睿智），接着教师出示屎壳郎的清晰图面（图 2-136 和图 2-137），用静止的画面引导幼儿仔细观察（评价：对发展幼儿的观察力及掌握观察方法有较大促进作用）。教师用幼儿互评和教师总结评价的方式合理地完成本活动（图 2-138 和图2-139），并在活动终点时留了个承上启下的引子：“你们想知道老师为什么选择屎壳郎做朋友吗？因为屎壳郎有很大的本领，是人类的好朋友。想知道它有什么本领吗？下次活动时咱们一起了解这种有本领的昆虫好吗？”（评价：这种承上启下的方法，很像评书演员留下的“扣子”，给听书者留下悬念。教师的机智不仅吸引幼儿期待下次活动，而且使知识、活动内容系统化且具有连贯性。）

图 2-136 屎壳郎形象

图 2-137 屎壳郎推粪球

在此次手工教育活动中，幼儿牢固掌握了屎壳郎的外形特征，了解了昆虫的身体特征，课上还对常见昆虫提出很多问题。如蚂蚁是昆虫吗？昆虫都会飞吗？此系列活动结束后，幼儿了解了很多常见昆虫的外形，了解了许多昆虫的本领，对手工活动中重点讲述的昆虫，还知道了它们的家族都有哪

① 芭芭拉·荷伯豪斯，李·汉森．儿童早期艺术创造性教育．邓琪颖，译．南宁：广西美术出版社，2009.

些种类，每个种类的特点是什么。

图 2-138　活动作品一

图 2-139　活动作品二

项目三　点状材料的艺术表达和应用

由于点状材料大小的局限性，幼儿园考虑安全问题，不愿用点状材料作为手工集体活动或区域活动的主题材料。然而中大班的幼儿完全可以理解各种材料的使用常规和注意事项，只要培养好常规，巧妙地利用点状材料参与手工活动是完全可以的。

另外，点是造型的元素之一，是形象艺术中很重要的符号语言，对点和点状材料的认知、理解与审视可以丰富审美的经验。在幼儿手工艺术教育中，可以把握点的形态、质地、颜色、表现形式，思考想象意象化的点给人的直观感受，用点或点材料诠释美的规律，表达自我审美取向(图 3-1～图 3-6)。

图 3-1　纸卷点作品

图 3-2　泥点作品

图 3-3　扣子点作品

图 3-4　剪纸点作品

图 3-5　纸团点作品

图 3-6　圆形纸点作品

任务一　描述不同视角中的点状材料

一、数学领域中的点

在数学中，点是个黑色的小圆点儿。点的延伸轨迹可以形成线，黑度及大小相同的点形成线段；黑度和大小有差异的点排列可以形成射线、直线；跳跃的点可以形成虚线……数学中的点是理性的，每个点的位置是固定的，不允许有半点差池。

二、视觉中的点

一项对不同年龄的人想象力的调查：被试者分别在4～6岁、15～20岁、50～60岁三个年龄段。实验者在被试眼前放一张纸，纸上画一个点，然后问被试："那个点有可能是什么？"年龄在15～20岁的被试多用联想思维方法，将这个点理解为糖豆儿、眼睛、扣子等形状、大小比较相似的物象；50～60岁的被试，首先会用联想的方法将其理解为形状、大小近似的物象，还会在其他被试的影响和启发下，扩充对这个点的想象。而4～6岁的幼儿会将这个点想象成一个洞、一个眼镜片、鼻孔、星星、宇宙等。

结果表明：学龄前的幼儿想象力最丰富。在幼儿的眼中，点是斑斓多彩的，他们无拘无束的想象，让我们明白了两点：①点是相对存在的，幼儿丰富的想象力可以随意将自己的"视点"放在他们思维中任何一个想放的位置，当幼儿的思维在宽广的宇宙遨游时，他们视觉的高度足以将宇宙变成一个点；②点有丰富的外形，正因为相对点的存在，使点的外形变得极为丰富，它可能是星星、眼睛、糖豆儿、包子、洞、球、花，还可能是各种果子、鸡蛋、一群动物、成群的蚂蚁，或雨点、水滴……在孩子的眼中，数学定义中的点改变了抽象、枯燥的意义，它们不仅是静止的物象，甚至可以是运动的物象，枯燥的点变成了无数鲜活可视的形象。

三、文字语言中的点

文字语言中的点不仅颇有诗情画意，它们是意象的物象、是比喻中的物象。如"白雪像小银珠，像小雨点，像柳絮杨花，纷纷扬扬为我们挂起了白茫茫的天幕雪帘。抬头透过稀疏的雪帘望去，那远处

的高楼大厦，隐隐约约，好像在雾中，宛如在云里，显得特别好看”。又如辛弃疾的诗中描写道：“东风夜放花千树。更吹落，星如雨。宝马雕车香满路。凤箫声动，玉壶光转，一夜鱼龙舞。”秦观在诗中写道：“斜阳外，寒鸦万点，流水绕孤村……”还有儿童诗：“沙沙，沙沙，我爱听雨点在树林里说话；滴答，滴答，我爱听雨点在楼顶说话。树林在远处，楼顶太高啦，让我和雨点，更亲近些吧。叮咚，叮咚，雨点在我头顶说话。哈哈！哈哈！它在伞上，我在伞下。”

诗的语言，比喻、暗喻、象征的文学手法，赋予点更多的含义，更美的语言。这些美妙之处会随着幼儿教师的智慧、审美取向、审美意识渗透到幼儿的视野中、思维里。

任务二　点状材料的分类

如果你仔细观察，会发现自然存在的点状材料极其丰富。如谷物、豆类、植物种子。这些点状材料纯属于物理性质，具有数学意义上点的形态。然而在广袤的宇宙空间，还有许多相对存在的点状材料，由于空间面积、体积的增加，一些存在于相对空间中的固态实体，会在视觉空间的作用下产生点的特性，例如，山坡上的野花、水流中飘落的树叶。如此思考，点的外形便有了更丰富的变化，点的形态不再局限于数学概念中点的样子；根据点外形和质地的不断衍生，在实操过程中，我们还可以将一些材料的固有结构打破，创造出形态、花色各异的点。如撕、剪纸点、树枝制作的点、浆状色点、固态泥点、蛋壳碎片形成的点等。“创造”这个无限的能力，使点状的质地、肌理、形态、颜色更为丰富，使点具有独特的性格和鲜明的个性；使点状材料为艺术创造奠定了坚实的物质基础。

要想使点状材料充分发挥艺术职能，首先应该学会将它们有序地分类和排列，以便让不同的点在脑海中占据清晰的地位，就像在脑海中贴好标签，只要有使用的信号传入，随时可以清晰快速地取放和有效利用。

一、自然状态的点

自然状态的点指在外形上具有点一样的特征，没有任何加工和改造的过程，在物理形态上有约定俗成的固有状态。对于自然存在的点的认识，靠感知行为就可以获得经验和结论，常见的点状材料有谷物、粮食、豆类、扣子、珠子、种子、小浆果、小干果等(图 3-7～图 3-16)。根据点状材料的大小、颜色、质地、肌理的差异，可以参与到艺术表现的过程中。

图 3-7　点状材料一

图 3-8　点状材料二

图 3-9　点状材料三

图 3-10　点状材料四

图 3-11　点状材料五

图 3-12　点状材料六

图 3-13　点状材料七

图 3-14　点状材料八

图 3-15　点状材料九

图 3-16　点状材料十

二、制作出的点

利用可塑材料或可分解材料创造出艺术表现过程中需要的点(图 3-17～图 3-24),相对于只关注点的物理形态的人而言,在认知上有了较大的提高。证明参与艺术活动的人可以借助抽象思维,思考和假设被创造出来的点能够产生的艺术效果和可能性。在现实中,大多数人更容易用直接寻找点状材料的方法去完成创造作品前的准备工作。例如,如果你想用点状材料表现出鱼鳞的真实,可能会去收集各种豆子和瓜子,并比较哪种瓜子更像鱼鳞,比较瓜子和豆子哪个点状材料更适合表达一条鱼。而对于身边已经存在的各种纸张熟视无睹。因为纸张的存在形态与点的样子相去甚远,因此你宁愿花费很多精力去收集成品点状材料。假如能够做到根据身边的材料灵活解决艺术过程中遇到的问题,那么你的创造过程会更快捷,也能反映出更灵活多样的思维形式。

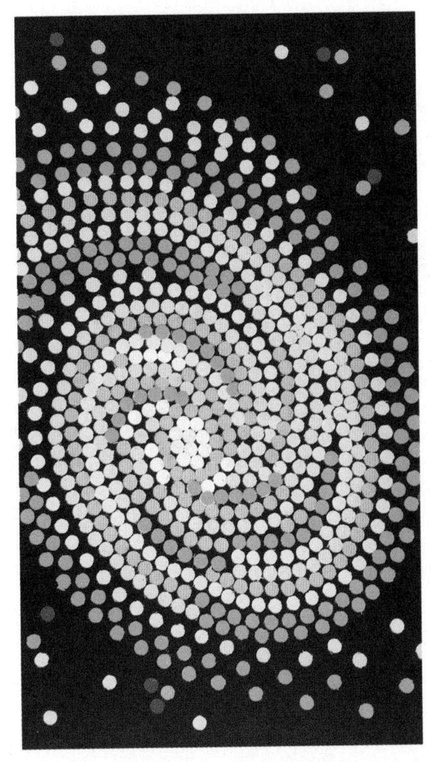

图 3-17　人工纸点

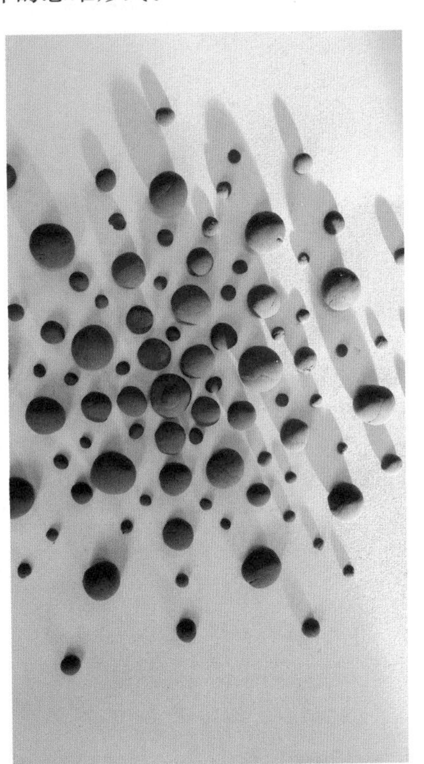

图 3-18　人工泥点一

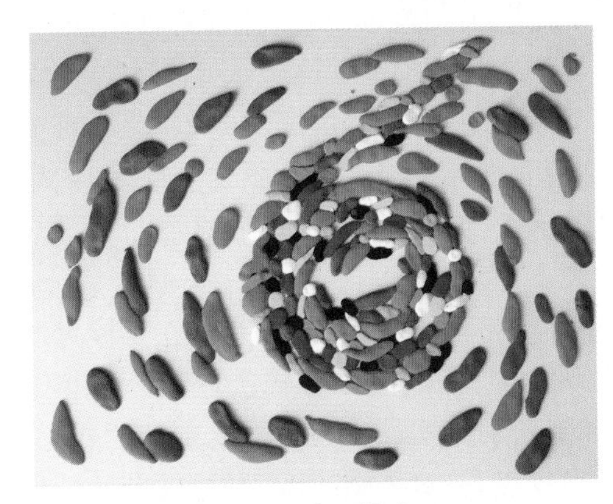

图 3-19　人工泥点二

图 3-20　人工扣子

图 3-21　人工碎纸点

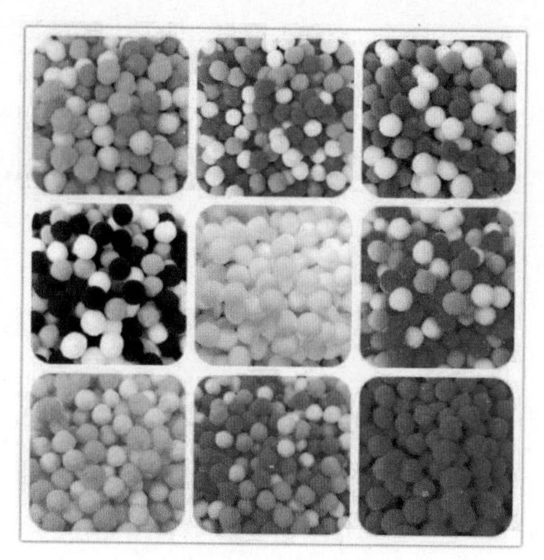

图 3-22　人工毛球

图 3-22　作品中的点

图 3-24　折出的点

折出点的应用

三、相对存在的点

能够准确理解相对意义上的点，是智力高级形式的表现。因为在皮亚杰的建构主义认知发展理论中，对不直接作用于客体的认知格式和动作系统，归为“数学逻辑经验”。它是主体不断反省、协调、抽象后形成的经验，是靠逻辑思维完成的复杂过程，不是靠感知直接获得的直觉经验。

在文学艺术中，可以这样描述一个原本不是点的实体被抽象化的过程：“他欢快地向远处跳跃、奔跑，直到变成一个跳动的小黑点。”艺术化的语言清晰地描述了一个视觉经验——近大远小。然而在视觉空间艺术中，人们又能清晰地认识到：“这个点是一个人。”你可能会质疑，这明明是点，怎么可能是人呢？因此，在视觉空间艺术中去认知相对的点，需要较复杂的思维过程。在抽象艺术中，用图示符号表现对客观世界的认识是非常常见的艺术手法，但这种图示性艺术符号不能被所有参与艺术活动或观看艺术作品的人理解，因此，人们对抽象艺术的理解褒贬不一。

如果你对上面的理论不是十分理解，那么从以上的例子中你一定能清晰地理解一点，在足够大的空间里，很多不同形态的实体都可以转化成点。据以往的发现所知，大的星体直径能达到一亿多千米，但我们站在地球上看它们，只是一个很小的亮点，这就是相对论的真实性。根据视觉空间的变化，一片叶子、一朵花、一个苹果、一颗树冠、一座房子……都可能形成点，从这个结论看，点的外形是极为丰富的(图 3-25～图 3-32)。

图 3-25　花是相对的点

图 3-26　线团是相对的点

图 3-27　鱼是相对的点

图 3-28　植物果实是相对的点

图 3-29　木头横切面是相对的点

图 3-30　鸟是相对的点

图 3-31　人头是相对的点

图 3-32　栖息的鸟是相对的点

如果说感受点的外形和点的相对性是视觉与思维的转换，那么感受知觉中美好的一切就是审美的过程了。而且是思维和心的交流，是在用不同的视角看世界。

任务三　点状材料的应用技巧

用点状材料进行艺术表现，首先需要对点有足够的认知，然后再思考用点状材料作为造型元素进行创作表现。

一、用点状材料体验规律

如果我们将点状材料进行更细致的分类，还可以按同种颜色的点、相同形状的点、相同大小的点、相同材质的点等标准划分，还可以有同样大小但颜色不同的点、形状相同颜色和材质不同的点、质地相同颜色形状不同的点等多种组合形式。总之，这样不同标准的分类组合越多，证明我们对点状材料的认知越清晰。下面按颜色分类，体验艺术活动的创意。

（一）纯色点的应用

1. 对纯色点的理解

“纯色点”这个概念是从颜色分类的角度定义的。因此可以暂时忽略点的形状大小和肌理等元素。用纯色点进行艺术表现多从点的疏密、方向等规律思考构图及表现形式，作品题材可抽象，也可具象。

2. 纯色点艺术表现的具体方法

(1) 工具材料：单色素纸或彩纸、铅笔、剪刀、镊子、尺子、乳胶等(图 3-33)。

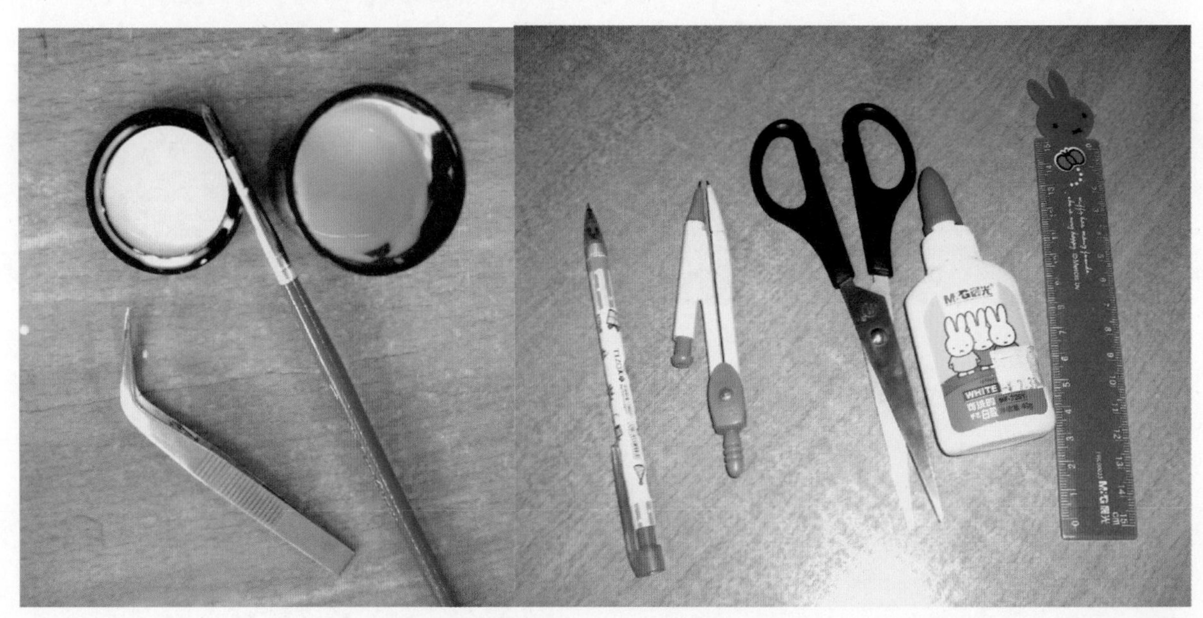

图 3-33　手工工具材料

(2) 剪点：在素纸或彩纸上画线(图 3-34)，然后沿线剪成宽窄各异的纸条(图 3-35)；再将纸条剪成方形、长方形或三角形的点(图 3-36)。

图 3-34　画线

图 3-35　剪条

(3) 画稿:无论表现抽象还是具象画面,首先要在相对硬些的底纸上画出画稿(图 3-37)。

(4) 设色、粘贴:画稿完成后,要想好每个图形用什么颜色粘贴,然后开始粘。注意:最好由上到下、由左到右地粘贴(图 3-38)。成品如图 3-39 所示。

图 3-36　剪点

图 3-37　画稿

图 3-38　粘贴过程

图 3-39　粘贴成品

3. 单色点作品欣赏

单色点作品(图 3-40～图 3-47),不仅是用单纯纸色剪出不同形状的点,还包括碎蛋壳、染色的米、纯色豆子、泡沫颗粒等不同材质的点。用这些点粘贴时,将点与点之间空出细缝,使作品呈现出类似建筑装饰上马赛克的视觉感觉,请仔细品味点排列的技巧。

图 3-40　单色点一

图 3-41　单色点二

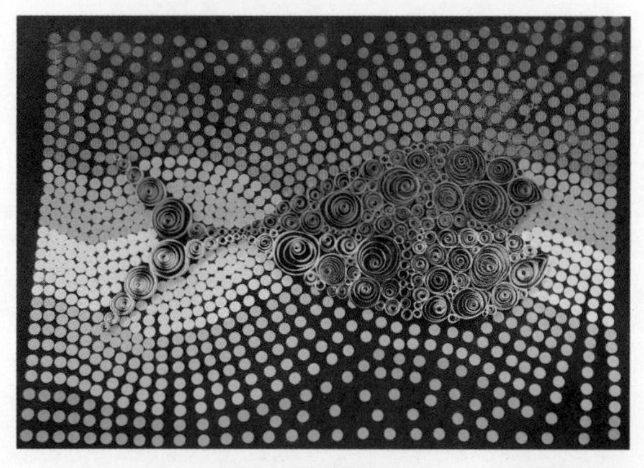
图 3-42　单色点三

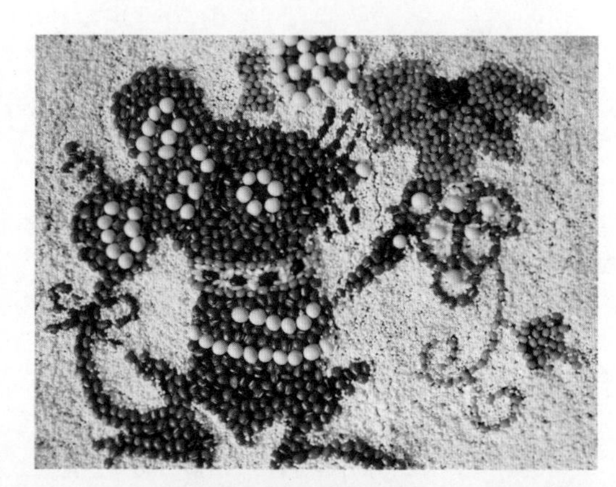
图 3-43　单色点四

图 3-44　单色点五

图 3-45　单色点六

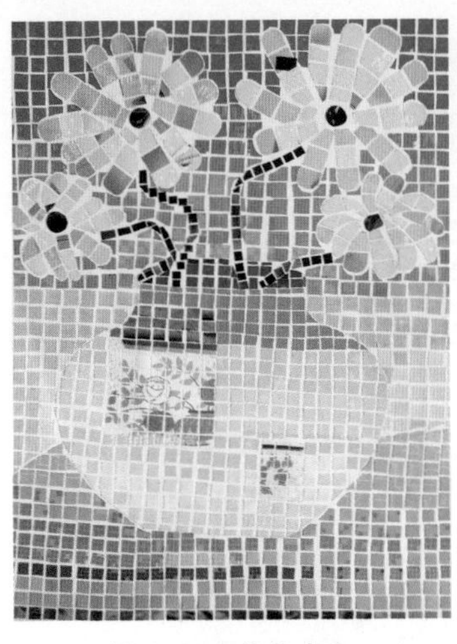

图 3-46　单色点七

图 3-47　单色点八

（二）混色点的应用

1. 对混色点的理解

很多废旧招贴纸、广告纸制作出的纸点不是单色的。有可能每一个小的点上有明暗或冷暖变化，将这样的点命名为混色点。用这些混色点粘贴画面，需要孩子对颜色有更高的认知度和视觉经验，是提高孩子视觉分色能力的有效途径。

2. 混色点艺术表现的具体方法

(1) 工具材料：混色广告纸、其他工具材料同上。

(2) 选图画稿：开始用混色点进行艺术尝试时，可选择画面有丰富颜色变化且题材不复杂（如静物画）的画面临摹。有了实践经验后可选择装饰感较强的装饰画自己设计颜色。

(3) 剪点分色：将广告纸或招贴纸剪成小点，根据冷暖色分类，将纸点分别装入不同盒子里备用。

(4) 仔细观察范例中的颜色变化（如冷暖、明暗、色相等），然后选相应的色点粘贴即可。

3. 混色点作品欣赏

经典的混色点粘贴作品别有一番风味，它的颜色视觉效果很像专业油画作品。如果用水粉或油画色画画，没有几年甚至十几年的功夫很难准确地诠释颜色的高雅和准确。但如果用混色点粘贴的方法，只要得法地精心制作一张作品，就可以产生油画的颜色效果。这就是综合材料制作艺术的绝妙之一，可以让参与制作艺术的人在每次参与过程中都能获得成功的快感和艺术水平的提高，而且这个提高是极其显著的（图 3-48～图 3-52）。

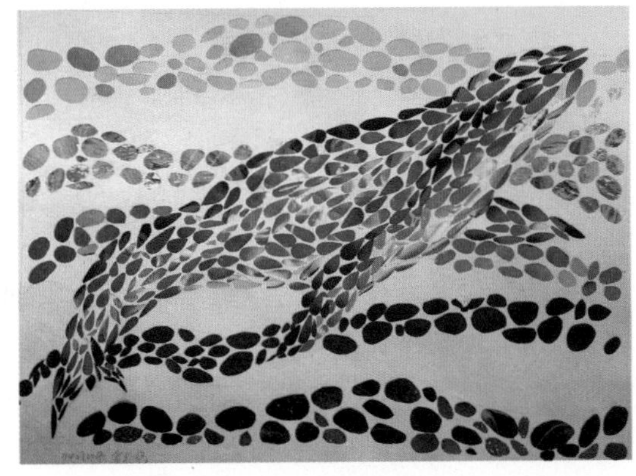

图 3-48　混色点一

图 3-49　混色点二

图 3-50　混色点三

图 3-51　混色点四

图 3-52　混色点五

二、用点状材料体现方向

点的运动感可以形成线，而不同的线形态又可以呈现或曲或直的视觉效果。当你只关注点形成线的过程时，只是从数学概念上对点可以留下虚线和什么形状的虚线进行认知，学龄前儿童在认知方面可以达到这一点。但从认知发展的角度来讲，成人应该从更高的层面感受点形成线的多样变化，感受“各种质地和颜色的线”给视觉带来的不同刺激，在头脑中再次加工输出，构思多种不同的画面。

例如，用点表达方向。在数学意义上，点是没有方向的，但在造型艺术中，根据点的形态不同，我们可以用形象思维感受有些“长点、三角形的点”是有方向感的。如泰国香米和一般大米比较，泰国大米就非常有方向感。如果没有丰富的感知经验，就不会有如此清晰的认知，也不会有细腻的创意。

仔细观看下列图片是如何用点诠释方向，以及点的方向与物象局部结构位置方向关系的(图 3-53～图 3-58)？

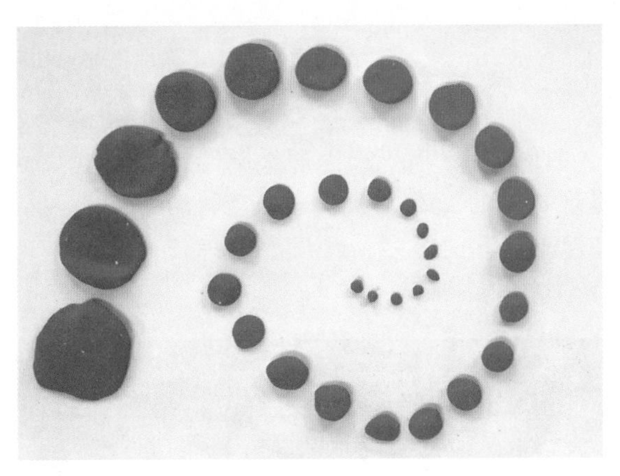

图 3-53　表旋转

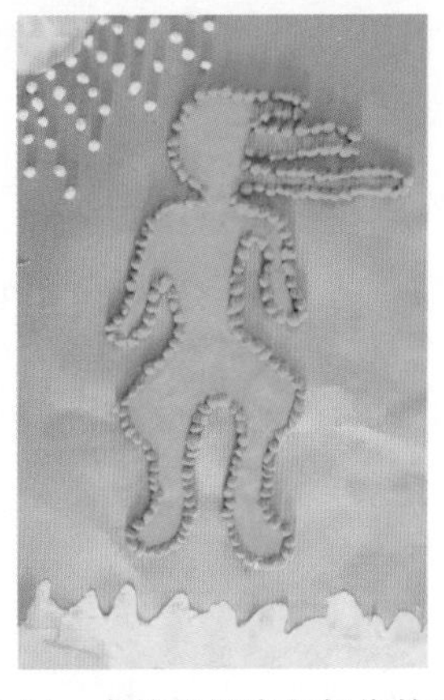

图 3-54　点的不同方向与像的形成

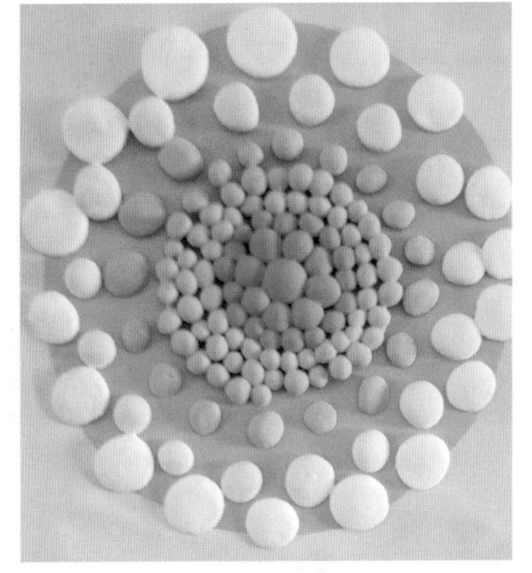

图 3-55　由颜色形成的正反向

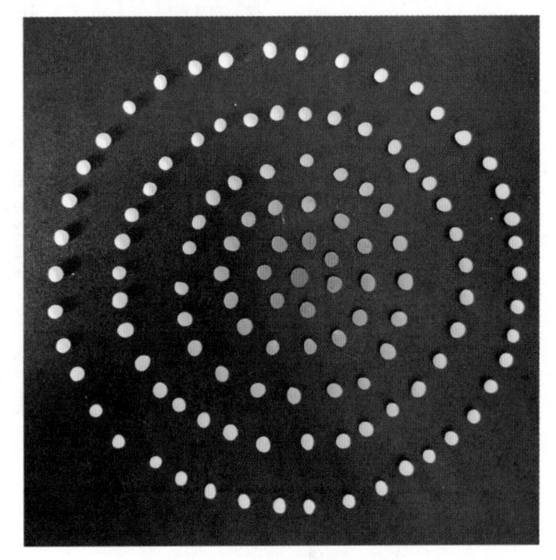

图 3-56　色点形成的张力

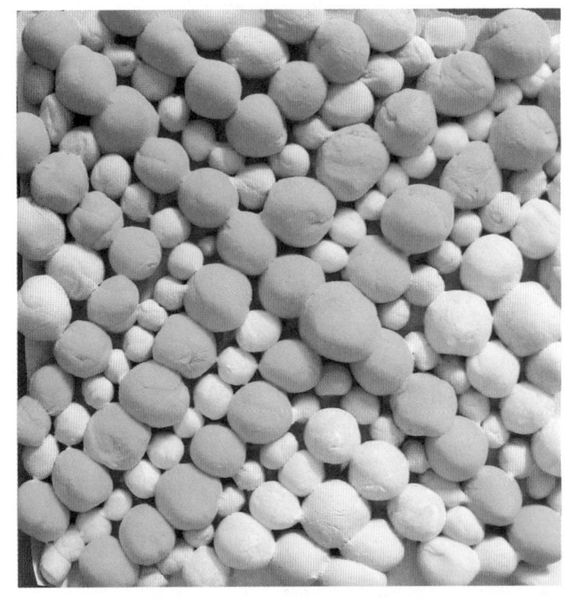

图 3-57　点的方向与图案方向

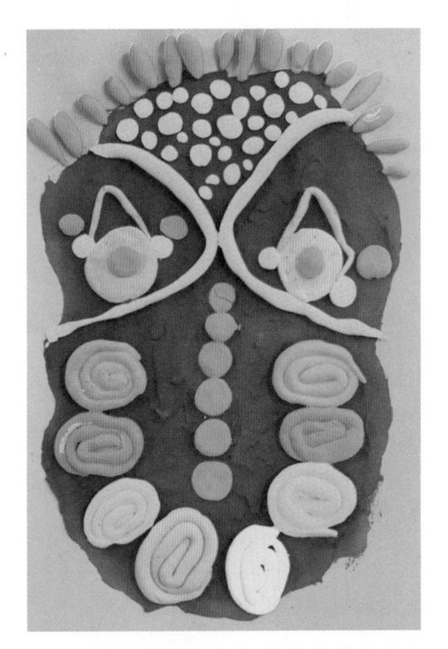

图 3-58　点的方向与物象结构方向

三、用点体现疏密

点的疏密

点的疏密排列与点的方向和点的颜色特质相仿，同样也可以构成物象的形状。因为点的群体聚集可以形成面的感觉，而面的形状能呈现物象的二维面积或三维空间的样子。当然，如果使艺术构思表现到极致，点的疏密、颜色、方向等多种特质要合理巧妙地结合在一起，更能呈现极致美感（图 3-59～图 3-64）。

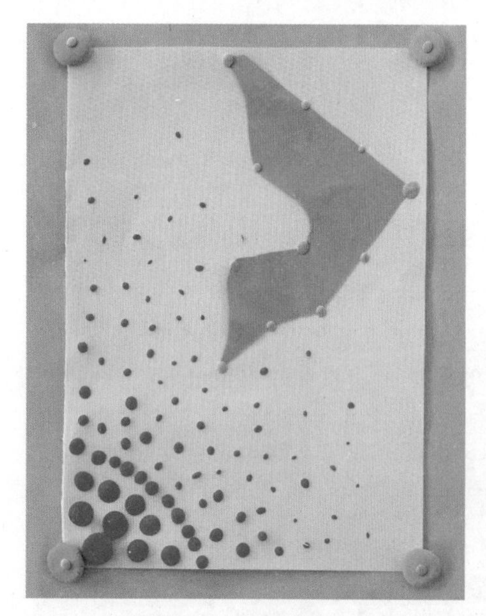

图 3-59　点的疏密一

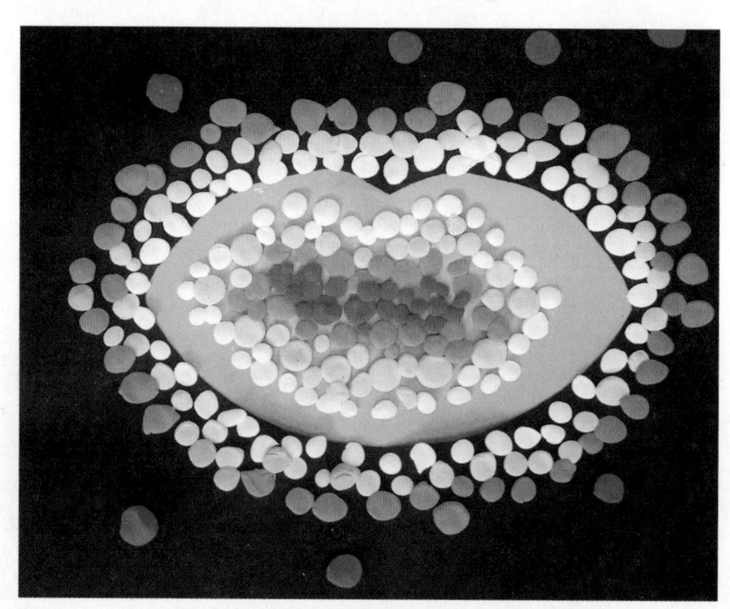

图 3-60　点的疏密二

图 3-61　点的疏密三

图 3-62　点的疏密四

图 3-63 点的疏密五

图 3-64 点的疏密六

四、用点状材料表现思想

怎样用点状物表达思想？这是我们深层次思考的更理性的问题，甚至与点的认知、审美取向、操作经验、表现风格、题材及作品形式都有直接的关系。

本书中对点状材料的使用受到欧洲古老建筑装饰艺术——“马赛克”的影响。在古希腊时期，马赛克词义为“值得静思，需要耐心的艺术”。据说这种艺术早在罗马时期就已经存在，是当时最有吸引力的艺术形式之一。世见最早的艺术品是欧洲美索不达米亚平原的苏美尔人的神殿墙装饰。原始的马赛克艺术是用石子在建筑上粘贴花纹，石子本身的自然色与精心的装饰粘贴，形成古朴与华丽并存的古典气质。各种独具匠心的艺术演绎，是名不见经传的小石子，展现出空间艺术的声情并茂。后来这种艺术在欧洲甚至亚洲广泛传播，材料也从石子演变成贝壳、陶瓷、玻璃甚至金属制作的点状材料，丰富的材料使马赛克艺术越来越华丽，越来越吸引人。

本书借鉴了马赛克装饰方法，利用常见的点状材料在平面或立体包装材料上进行创作，以表达参与艺术实践者的创作思想(图 3-65～图 3-68)。

图 3-65 表达相亲相爱

图 3-66 表达希望与阳光

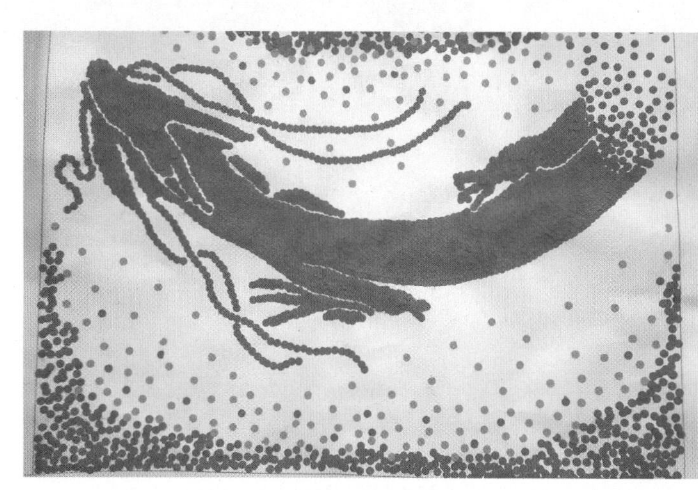
图 3-67　中国的龙

图 3-68　京剧人物

在手工艺术活动中，纸材料、木质材料、豆子谷物、花椒大料等调味品，糖豆、米花、小饼干等食品，都可用于艺术表现，使“马赛克”这种古老的艺术，在“有色有味”的幼儿艺术教育活动中“有情有趣”地传承下去(图 3-69～图 3-74)。

图 3-69　蔬菜的艺术

图 3-70　瓷片马赛克

图 3-71　建筑上的马赛克装饰艺术

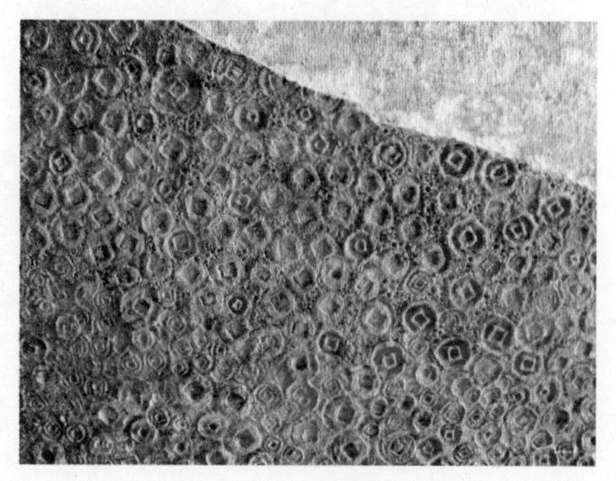
图 3-72　点状纸浆绘画

图 3-73　三角插

图 3-74　相对的蔬菜点雕塑

任务四　点状材料在幼儿园区域活动中的生动应用

学以致用指的是能够把学到的东西运用于实际，并在实际工作中取得更多的成绩，因而产生价值。在常年的教学工作中，通过对学前教育专业学生的跟踪调查结果表明：尽管一部分幼儿教师在岗前学习中有过用点状材料进行美术活动的经验，但在实际工作过程中，依然不能灵活地将此实践经验应用于创设幼儿美术教育活动中。

一、点状材料用于区域活动

用点状材料参与幼儿园区域活动，可根据需要设定不同的与视觉艺术相关的各种目标。例如，可以将感知点材料的形状（图 3-75）、质感、颜色、大小为目标；以寻找点材料间的微小差别为目标（图 3-76 与图 3-77有什么不同？图 3-78 呢）；以感知和表现点的疏密为目标；以游戏的方式寻找点外形为目标（图 3-79）；以排列不同规律为目标等。如果以促进儿童在“守恒”方面有所提高，可以让幼儿用相同数量的点肆意地摆放或粘贴出各种画面。如有序排列的点、各种不同长度的点的比较、各种方向变化的点。如果使儿童进一步感受点的集体力量，可以让他们用点粘贴形象，还可以让儿童制作点（图 3-80）并用制作出的点表现疏密、深浅等抽象的概念，以获得更丰富的认知经验。

图 3-75　小胶囊点材料

图 3-76　排列一

图 3-77　排列二

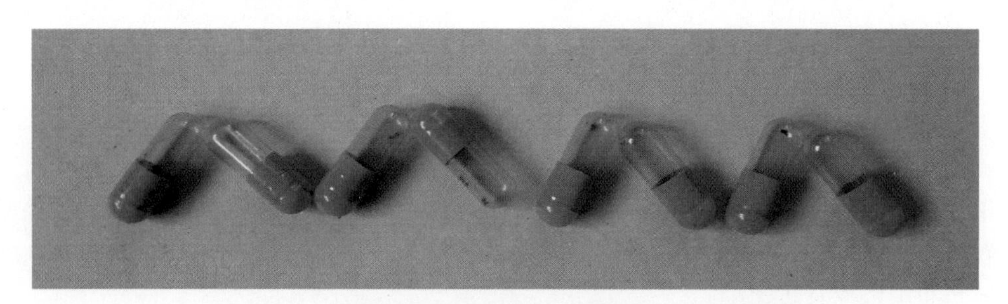

图 3-78　仔细寻找，哪里不同

图 3-79　画面中有几个四边形？用什么方法可以准确地数出来

二、点状材料用于手工艺术教育活动

(1) 工具材料准备：各色纸线、卷纸笔、乳胶、小毛笔、剪刀(图 3-81)放大的凡·高像彩图(图 3-82)等。

(2) 相关知识准备：凡·高是谁？他长得什么样子？为什么凡·高的耳朵上包着纱布？凡·高是做什么的？他是怎样的一个人？凡·高有哪些作品？人们最喜欢他的哪些作品？他的作品有什么特点，等等。

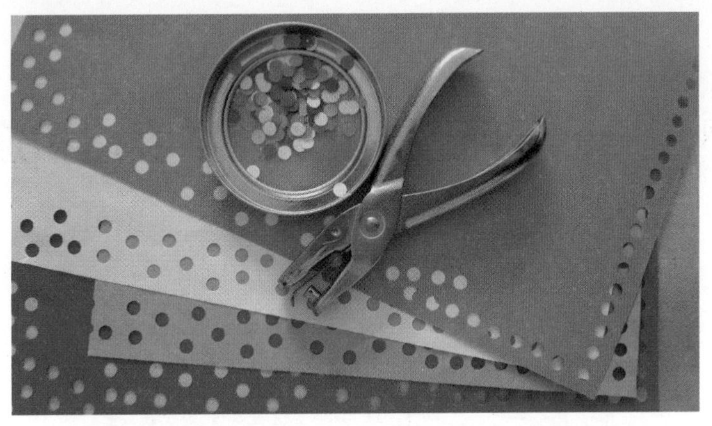

图 3-80　选不同颜色 A4 彩纸制作纸点，按不同目标粘贴

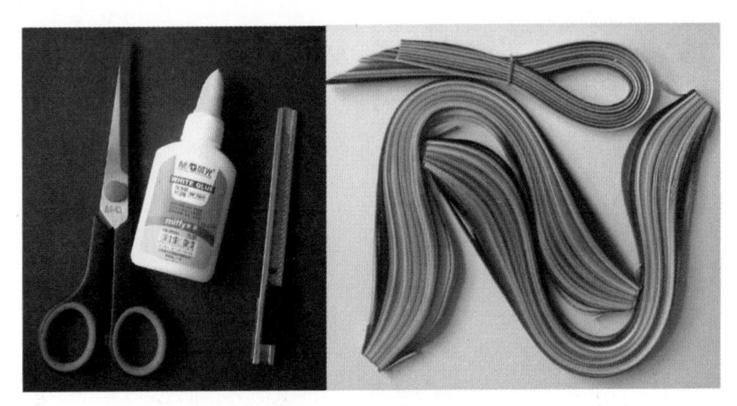

图 3-81　材料和工具

图 3-82　凡·高自画像

图 3-83　完成后的作品

（3）制作圆形纸点：观察彩图上有什么颜色，选相关颜色纸线并将其卷成圆形纸点备用。

（4）粘贴图稿：由上至下、由左至右粘贴图稿，成品如图 3-83 所示。

选色并在图稿上粘贴相近颜色的点，并不是图样的简单复制，也不是一些简单的重复动作，而是视觉与思维同时工作，并由动作将思考答案外化的复杂心理过程。

项目四 平面材料的艺术表达和应用

任务一 对平面材料的描述

平面材料较其他形态的材料更常用、更普遍，用途更广泛。如纸张、布匹等材料随处可见，但是在手工艺术教学中，如何从艺术的角度认知平面材料，如何通过教育活动有效地促进儿童的发展，缺少更多的思考和实践。

一、数学领域中的面

确切地说，数学中出现的面应该用“图形”来代替，因为数学概念中的面都是规则图形。如：直角三角形、钝角三角形和锐角三角形、平行四边形、梯形、圆形等。随着幼儿可以用圆形（象征期）把握和认识世界；随着幼儿开始认识图形；随着幼儿美术能力的发展，他们可以用长方形纸作画、剪纸；可以用正方形折纸……图形便不再是古板的几何图形，于是数学中的面（图形）与艺术建立了联系，如图 4-1 和图 4-2 所示。

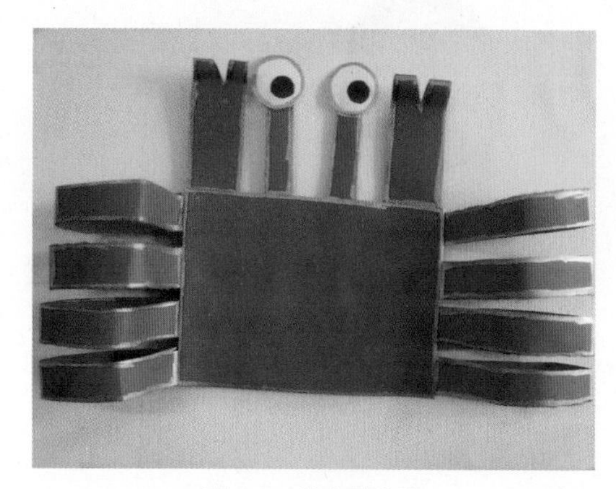

图 4-1 长方形虫子

图 4-2 长方形公鸡

二、视觉中的面

在视觉艺术中，面不仅有大小、规则与不规则的外形，还有实面（图 4-3 和图 4-4）和空间虚面（图 4-5～图 4-8）的区别，还可以通过粘贴技巧，用面创意出空间结构形状（图 4-6 和图 4-7）等。面虽然不如点和线那样独立和主动，是造型元素中比较被动的元素，但根据创意和技巧的多变，面变化的可能性远比点和线的创意形式丰富，因为面可以产生前进、后退、扩张、收缩等视觉感受，空间、位置的

变化可产生虚实、层次等视觉感受，是点和线元素不能代替的。

图 4-3 面状作品

图 4-4 面状立体粘贴作品

图 4-5 虚面作品一

图 4-6 虚面作品二

图 4-7 虚面作品三

图 4-8 虚面作品四

三、文字语言中的面

如果你意识到周围的物质世界是由图形组成的，你便能学会用不同的视角看世界。楼房是长方形的、冰箱是长方形的、电视是长方形的、银杏叶是扇形的、槐树叶是长圆形的……如果仔细观察，每个物象都可以找到对应的或规则或不规则的图形，这些图形不仅是视觉可以感知的形与面，文字语言艺术还赋予不同形状的面以一定的意义。

如白居易诗中描写道："红旗破贼非吾事，黄纸除书无我名。"首先，视觉感受到红旗（图 4-9）是长方形的平面；其次，在这里红旗有丰富的喻义。再如欧阳修诗中写道："鸭脚生江南，名实未相浮。"这里的"鸭脚"（图4-10）指的是银杏叶（银杏树最初只生长在江南，宋代时大量银杏树被移植到江北，因每片银杏叶酷似鸭脚的样子，故银杏树有"鸭脚"的称谓）。

图4-9　红旗

图4-10　银杏叶

可见，文学艺术中的物象与面构成的视觉空间艺术中的面与形有密切的关系。文学艺术与视觉空间物象交融在一起，为人类精神世界提供了无数养料。

任务二　平面材料的分类

平面材料非常丰富，根据薄厚、质地、肌理等特质不同，平面材料还可以更细致地按质地或薄厚分类。

一、纸材分类

人有不同的品性。有人刚直、有人儒雅、有人温顺、有人放荡。纸也有不同的品性，根据纸品不同，在给纸分类的同时，要用心感受纸的品性。

（一）彩色手工纸：智慧、朴素无华

彩色手工纸：以熟络的面孔被我们青睐，无论它以什么样的身形出现，都能吸引我们。如规矩的A4打印纸（图4-11）、60cm×60cm的手揉纸（图4-12）等。

图4-11　A4彩色打印纸

图4-12　手揉纸

手工纸颜色丰富却朴实无华，薄厚各异、手感适度且柔韧与坚实并存，在人们的巧手中拥有无数华丽

的转身，它创造的形象可平面、可立体，可开通意趣、可有很高的纸艺水准，是我们最喜欢使用的材料。

（二）卡纸：高贵、呆板

卡纸因为纸质坚硬厚实，不易改变形态而被加以“呆板”的称号。因价格较贵而被人仰慕，只有在特殊要求的纸艺活动中才亮相。又因颜色古朴典雅被用作各种艺术作品的衬底和装潢（图 4-13），会随其他艺术品时而张狂、时而娴静。因此，卡纸有较复杂的性格。

图 4-13 卡纸板

（三）宣纸：充满文人气质

无论生宣纸（图 4-14）与水墨间的云雾曼妙（图 4-15），还是熟宣纸（图 4-16）与色墨间的缜密和不苟言笑（图 4-17），都显现出宣纸那高贵且充满艺术气息的特质。它不仅是文人墨客抒发情怀的对象，还是艺术家挥毫泼墨、精雕细琢的外衣，因此它有气度不凡的优雅气质。

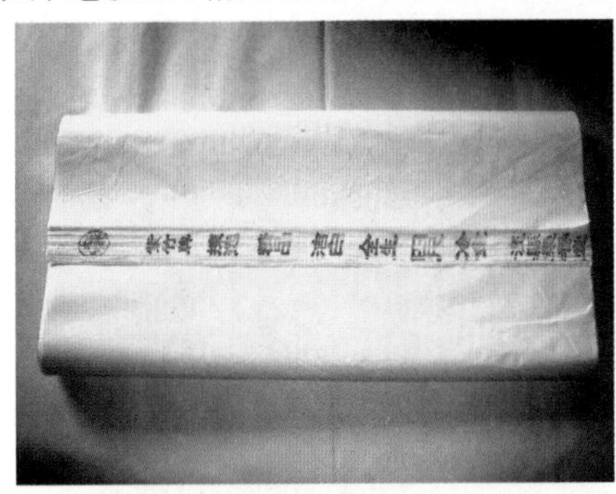

图 4-14 生宣纸

图 4-15 生宣纸画面效果

图 4-16 熟宣纸

图 4-17 熟宣纸作品

（四）黄板纸：懒散、朴素

黄板纸俗称马粪纸(图 4-18)，质地粗糙，颜色熟黄。马粪纸有薄厚区别，厚可成板。表面看马粪纸粗俗懒散，好像一块用旧的破抹布。但实际它是贫困的文人墨客的倾诉对象，它了解穷困艺术家的潦倒生活，清楚初学写字、画画人的艺术水平。马粪纸因其质朴的颜色和低廉的价格，而具有懒散、粗制、朴素的性格和气质(图 4-19 和图 4-20)。

图 4-18　马粪纸

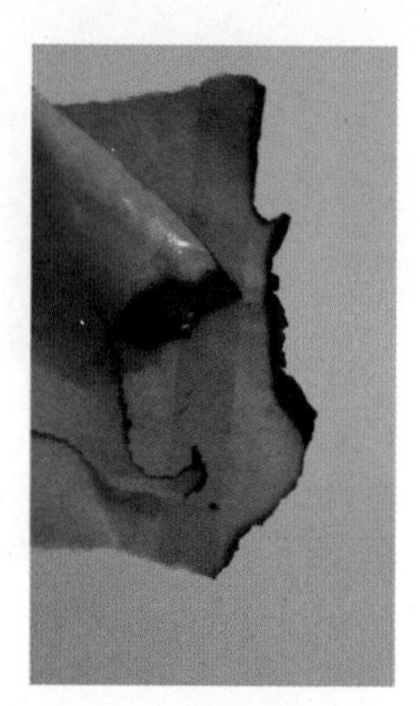
图 4-19　马粪纸作品一

图 4-20　马粪纸作品二

（五）包装纸：神秘、精致

包装纸是用于包装的纸张(图 4-21 和图 4-22)。包装的目的之一是为某礼物增加视觉亮点，因此包装纸的质地和纹样都很精致。包装的目的之二是为了增加神秘感。从外表看，你很难猜测其中包裹的是“喜悦”还是“伤感”、是“精神”还是“物质”，因此纸本身被赋予极强的神秘感和形式感。在手工教育活动和区域活动中，包装纸多用于折纸及剪纸活动。

图 4-21　国内包装纸

图 4-22　日本包装纸

（六）软皱纹纸：无组织感

软皱纹纸因材质过于柔软，会显得缺乏组织感(图 4-23)。但如果了解它深层次的特性，你会感受到不一样的精彩。比如我们可以把它拧成纸线，它就有了很多用法；把它剪成纸条系于纸杆上，它会比彩虹画的痕迹更华丽多彩，因此，不要小看任何材料。

（七）硬皱纹纸：花的使者

硬皱纹纸颜色艳丽，纹理褶皱、紧密，质量好的皱纹纸像手风琴一样有抻拉感(图 4-24)。我们的

课程里使用硬皱纹纸制作花艺，如可以制作喇叭花、玫瑰花、月季花等。我们从纸质花艺中可以获得关于花朵的生物、科普、花语及其他艺术形式。因此，它有“花的使者”的称号。在儿童手工教育活动中，我们可以引导孩子感受硬皱纹纸的质地和抻拉后的变化，也可以用它引导孩子制作简单的纸艺花。

图 4-23　软皱纹纸

图 4-24　硬皱纹纸

纸张的类别很多，在这里不一一讲述。我们能够根据上文的引导，感知并体会其他纸材料的品性。如温顺松软而又迷茫的皮棉纸、粗犷刚直的砂纸、粗鲁张狂的报纸、华而不实的广告纸、随性的手纸和餐巾纸等。

二、布材料分类

在日常生活中，很少有人留心布的家族到底有多少成员，更不会关心每个成员的品质和性格。如果想用布材料进行艺术活动，就必须关心和研究不同布的质地、品性、用法和艺术效果。布有哪些种类呢？它可以参与什么样的艺术活动呢？它又有怎样的故事呢？

（一）天然纤维布料

天然纤维布是指能够从自然界中直接获得的纤维原材料(图 4-25)，或从人工培养的动物中直接获得的纺织纤维材料织成的布。例如蚕丝是蚕生长过程中产生的天然物质，被人类利用，制成了丝绸(图 4-26)、丝绵。这种布料就属于天然纤维布料。还有以棉花为原料纺织出的棉布，以苎麻为原料纺织出的麻布，以牛羊毛为原料纺织出的布等都属于天然纤维布料。

天然纤维布是用自然或人工培育的植物和养殖的动物等的毛纤维原料制成的布，比其他布料安全环保，对儿童来说没有任何安全隐患，适合儿童在美术活动中使用。

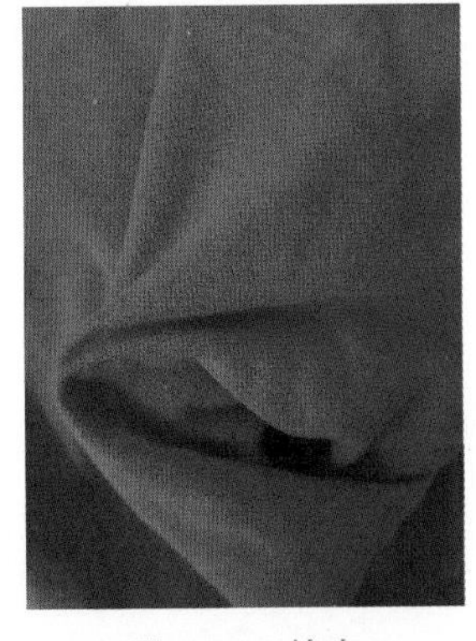

图 4-25　棉布

图 4-26　丝绸

（二）不织布

不织布是市场上常见的纸和布的中间材料。它颜色丰富艳丽，质地厚实有韧性，是可以参与环境创设和美工活动的材料，如图 4-27～图 4-29 所示。

图 4-27　不织布

图 4-28　不织布作品 小精灵

图 4-29　不织布的小动物

（三）无纺布

无纺布(图 4-30)是不用纺织的布，由特殊制布工艺制成。在美工活动中推广用无纺布作为创作材料有几个原因：其一，安全，无纺布采用符合 FDA 食品级原料生产，无毒无害无异味，不刺激皮肤。其二，环保，无纺布是新一代环保材料，被国际公认为保护地球生态的环保产品。例如，用无纺布制成的布袋，可以反复使用多次，淘汰后的袋子在 90 天内可以达到彻底分解。这种材质的袋子相对塑料袋而言，对人类的生态环境几乎没有破坏作用。其三，由于无纺布色彩丰富、鲜艳明快，质地柔韧适度，可画可剪，因此在美术活动中可以尝试利用。

三、板状材料

根据板状材料的性能、材质和品质的不同，我们尝试将板状材料分类。常见的板状材料有如下几类。

图 4-30 无纺布

（一）纸板

纸板有薄厚、软硬的区别。纸板的来源主要是各类包装纸盒和大型纸箱板，厚纸板如图 4-31 所示。

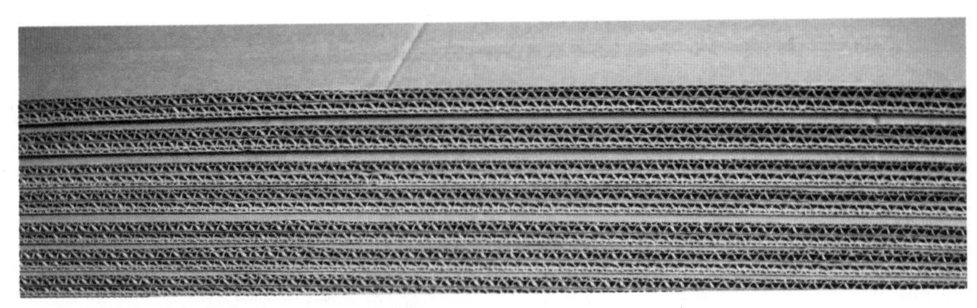

图 4-31 厚纸板

（二）PVC 板

PVC 板是宣传部门常用的展板材料，还有人称其为 KT 板，如图 4-32 和图 4-33 所示。这种板有两种类型：一种板的质量较好，表层的胶纸可以撕下来，露出内层的白板。另一种的表层胶纸不能撕下来。根据两种板的不同特性，有不同的用法。

图 4-32 彩色 KT 板

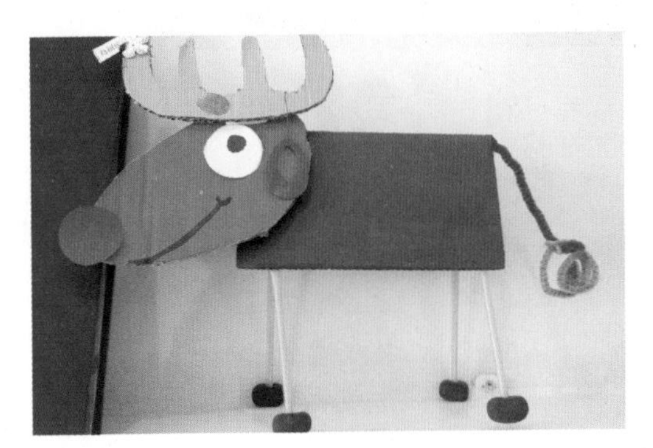

图 4-33 纸板动物

（三）吹塑板

吹塑板和吹塑纸是有差异的，主要在于材料的厚度和软硬程度的区别，如图 4-34 和图 4-35所示。吹塑板厚且硬，可以用于儿童版画的制作和雕镂等艺术手法。

图 4-34　厚吹塑板

图 4-35　薄吹塑板

（四）石膏板

石膏板(图 4-36)是适合雕刻和作画的材料。在雕刻的过程中,我们可以体味在平面材料上,仔细分辨阴阳镂刻的技巧和艺术表现,真实塑造凹凸不平的画面效果。

（五）泡沫板

泡沫板(图 4-37)颜色洁白,纹理清晰,薄厚兼有。这种材料在许多包装中可以见到,多用于对物品的保护。规则平整的泡沫板,要到专门的销售地点才能买到。在泡沫板的应用中,我们可以领略对它的创意使用。

图 4-36　石膏板

图 4-37　泡沫板

任务三　掌握平面材料的应用技巧

用平面材料进行艺术创意,要根据平面材料的质地和特点采用不同的技巧和方法。在幼儿园的实践工作中,A4 彩色手工纸是最常用的,多以剪纸、撕纸、折纸的形式进行艺术体验,而对布材及其他平面材质的利用没有太多的实践。

一、纸艺的形式

纸市场的繁荣,给纸材料的创意和应用提供了广阔的空间。对于这些纸张的应用,首先从改变纸的形态开始。其次是纸材实用功能演化的不断丰满和如何结合精神需求的探索。这里,我们从手工

制作课程出发，从改变纸形态的方法开始，完成纸材料在动手创作过程中的华丽转身。下面按空间形态将纸材料成型艺术分类如下：平面纸艺、纸浮雕、立体纸艺三类。

（一）平面纸艺

平面纸艺是指用纸材创意出多样作品，作品的形式是平面二维的作品。

1. 剪纸

剪纸是剪刀与纸张之间蕴生出的一种艺术形式，是民间艺术领域中体系不太完整的一个艺术门类。现存断断续续的剪纸历史，主要源于有限的文字记载和文物研究。剪纸之所以不像陶瓷艺术那样有完整的体系，有三个重要原因：其一，剪纸是民间妇女的创造，很难有陶瓷的影响力和地位。其二，因为种种原因，从事剪纸艺术研究的人员并不多。其三，剪纸作品很难保存，从文物发现中没有太多的遗存供我们研究。但是，剪纸以材料简便、造型独特、超越实用和纯粹的精神等特质，坚韧地生存至今，显现出其独有的价值。

在现阶段的学前儿童艺术教育中，剪纸活动是不可缺少的表现形式之一，但很少有人对剪纸的更多意义进行必要的思考。

在一项对幼儿园教师的调查中显示，更多的教师单纯地认为，幼儿园剪纸的目的是为发展幼儿小手指的灵活性。很少有人更宽泛地思考剪纸的价值和作用，如剪纸的精髓是什么？剪纸的目的是什么？剪纸有分类吗？传统剪纸和现代剪纸的区别在哪里？剪纸对孩子的成长将产生怎样的影响？剪纸到底可以发展孩子哪方面的能力？剪纸可以使孩子的想象力和创造力得到提高吗？剪纸表现手法有分类吗？应该引导孩子掌握剪纸技巧吗？剪纸需要较好的造型能力吗？孩子在剪纸中能获得怎样的精神价值等。其实，剪纸被应用在学前美术教育中的目的不仅为训练一种单一的操作形式，更重要的是结合当前的教育理念、结合儿童现阶段的发展水平、结合剪纸的特性特点，创设出适合孩子发展需要的课程和实践活动。

目前为止，儿童剪纸发展呈现维持甚至萎缩的状态，主要是人们把“剪纸”和“传统剪纸”画等号，这样就缩小了剪纸的范围，禁锢了剪纸的形式和内容，使剪纸的含义变得狭窄而没有创意。实际上，剪纸就是剪刀和纸之间建立的一种关系，至于剪什么、怎样剪、作品可表现什么内容、作品是什么形式都靠我们的视野和创造能力而定。如果这样思考，剪纸就会有很多内容可以开发。

（1）过滤传统，融合现代

图 4-38～图 4-41 所示的剪纸作品有明显的风格特点，属于中国传统剪纸。传统剪纸又叫镂空艺术，表示剪纸是以镂空的艺术特征呈现纹样形象的，这一点是剪纸的特点之一。同时千刻不乱、万剪不断是剪纸的另一个艺术特征。以上两点不仅是传统剪纸的精髓，而且是传统剪纸与现代剪纸的融合点。

图 4-38　龙

图 4-39　喂鸡

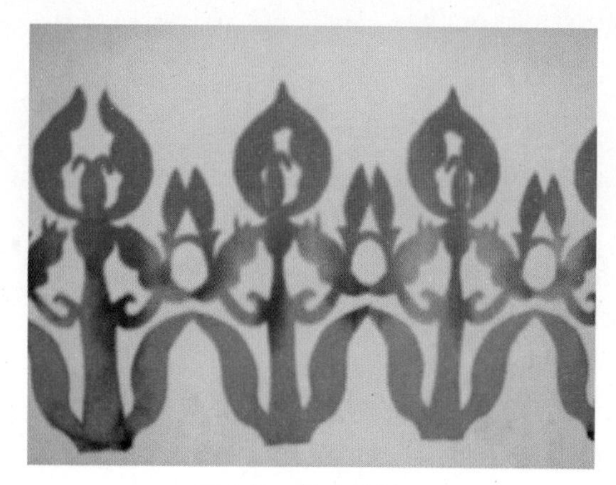

图 4-40　染色剪纸一

图 4-41　染色剪纸二

每一种艺术文化，在不同的历史时期都会融进不同的观念，被融合和重构后的观念是成为此艺术门类发展和延续的源泉，是支持这门艺术创作思想的灵感来源。祈福纳祥为民间剪纸的主要内容，因此，从装饰技法和表现的内容方面，可以清晰地辨别传统剪纸的风格与形式。只有在传统剪纸中融进新的观念、新风格、时代形象元素和时代内容，传统剪纸才可能有划时代的突破。在学前手工教育活动中，由于造型和装饰的复杂性，不能将传统剪纸直接拿来应用，要结合教育目的和教育对象的水平，对剪纸形式进一步研究和突破，最后探讨、实践出适合幼儿全面发展的课程和形式，实践和完善剪纸课程的内容、形式和教育方向。每个人都渴望拥有创造性思维，它可以让我们在学习和解决问题的过程中充满创造力。那么怎么才能在一般手工技巧的支持下，尝试创造性地表现多种剪纸形式？

例如，在观看某幼儿园中班剪纸课时，教师讲解如何剪脸，并要求孩子一次成型。有个孩子没有按照教师的要求做，而是边剪边拼，这种方法完全可以。孩子对剪纸活动的理解就是剪刀、纸及儿童控制剪刀的能力支持下的活动，只要孩子在教师的有效引导下，能够完成自我实现，能够感受到剪纸的乐趣，就是成功的活动（图 4-42 和图 4-43）。关于引导孩子剪什么内容，是用一刀剪成还是多刀拼贴并不重要。

图 4-42　做操一

图 4-43　做操二

正因为幼儿的思维大胆无约束，创作过程中有丰富的想象，因此他们的剪纸作品稚拙并富有情趣，他们的作品打破了传统剪纸的诸多特征。在充满童趣的儿童作品的感染下，成人固有的剪纸观念、模式和表达内容被震撼。我们从中清晰地认识到：儿童剪纸活动不是传统剪纸的复制，纸和剪刀只是幼儿表现思维、认知的一种游戏。教师可以引导幼儿对镂空的认知，可以引导幼儿欣赏传统剪纸

作品风格与特征。最应该思考和做的事情是：顺应儿童的剪纸表现形式，汲取和记录幼儿剪纸带来的创意灵感，在此基础上，创造更有趣、更适合儿童思维模式的剪纸形式。

国外剪纸作品让我们对剪纸有了更多角度的视角。虽然没有考证过国外剪纸艺术形式是否借鉴了中国传统剪纸的技巧，但可以肯定的是，他们都是靠镂空平面纸产生视觉效果的。他们的剪纸艺术不仅精美、充满时代气息，而且更灵活、更富有趣味性，在选材和构图上不拘泥，不老套，在借鉴镂空艺术特征的同时，在保留“千刻不乱”的基础上，打破“万剪不断”的固有观念，使艺术表现形式丰富多彩（图 4-44～图 4-47）。

图 4-44　国外剪纸一

图 4-45　国外绘本剪纸

图 4-46　国外绘本剪纸

图 4-47　国外剪纸四

（2）儿童折叠剪纸

儿童折叠剪纸是在传统剪纸基础上发展出的表现形式之一，从表现形式上比较适合学龄前儿童借鉴和使用（如剪窗花），在题材选择上可以根据儿童的年龄特征、技巧水平自由控制。折叠剪纸大致包括：对折，三折、六折，四折、八折，五折、团花剪方法及图样创意。

① 对折及图案：基本用正方形或长方形对折后设计图案。如果设计二方连续纹样图案，可以用边长较长的长方形反复对折后设计纹样，如图4-48～图 4-51 所示。

图 4-48　正方形纸对边折

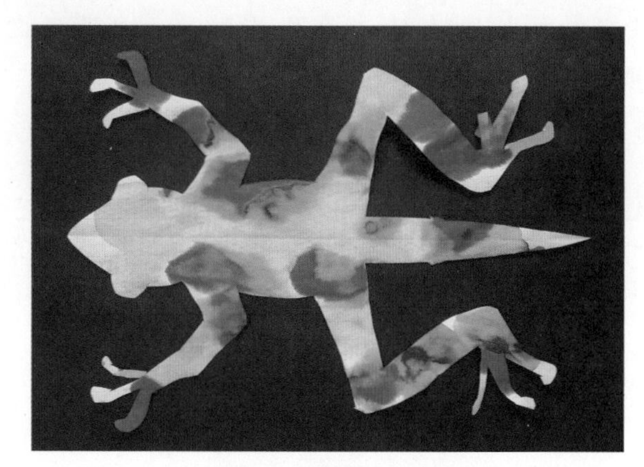

图 4-49　对折剪　壁虎

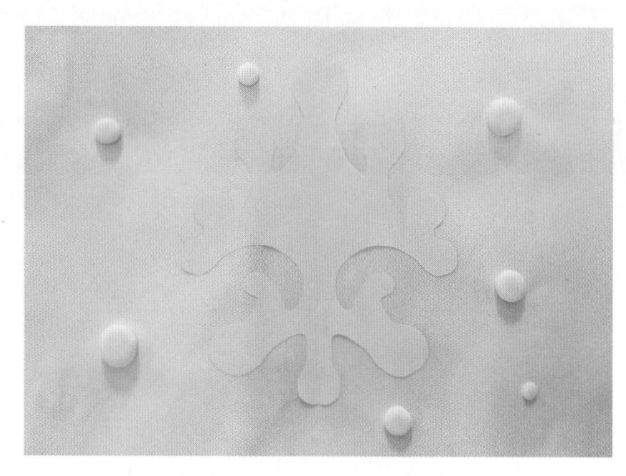

图 4-50　对折剪　蝴蝶

② 三折和六折剪：三折的折法不止一种，但每种三折的折法都是六折剪的基础，六折是在三折的基础上，再次对折而成。图 4-52～图 4-59 所示是三角及六角折法的过程。

图 4-51　对折剪

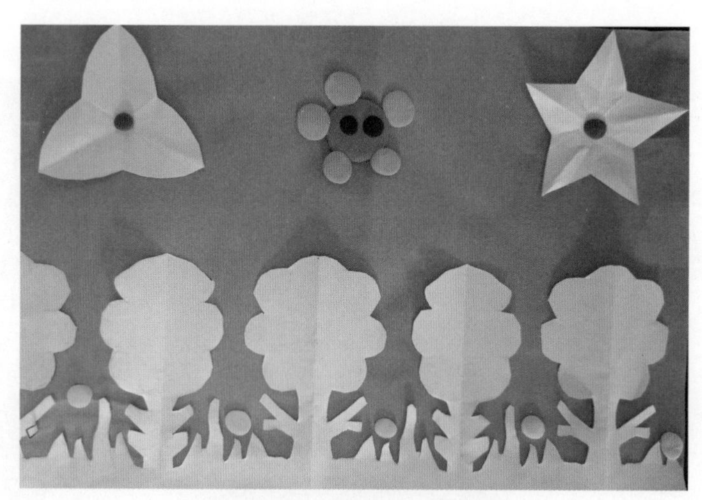

图 4-52　反复对折剪　树和草丛

图 4-53　正方形纸

图 4-54　方形对折后右下角上边左约 1/4 处压平

反复折叠

图 4-55 余下部分向后折叠压平即可

图 4-56 三角形剪纸纹样

图 4-57 三折再对折是六折

图 4-58 六折纹样一

图 4-59 六折纹样二

③ 四折和八折剪：四折的折法也不止一种，每种四折的折法同样都是八折剪的基础。图 4-60～图 4-65 所示是四角折法过程及作品。

图 4-60 正方形对边折

图 4-61　对折呈四层小正方

图 4-62　再对角折

图 4-63　四折纹样

图 4-64　四折基础上再对折

图 4-65　八折纹样

④ 五折和团花剪：团花的设计是在五折的基础上对折设计剪切而成。图 4-66～图 4-70 所示为五折基本折法和作品。

图 4-66　正方形纸对角折

图 4-67　右下角对左斜边上约 1/4 处压平

图 4-68　刚折好的部分再对折

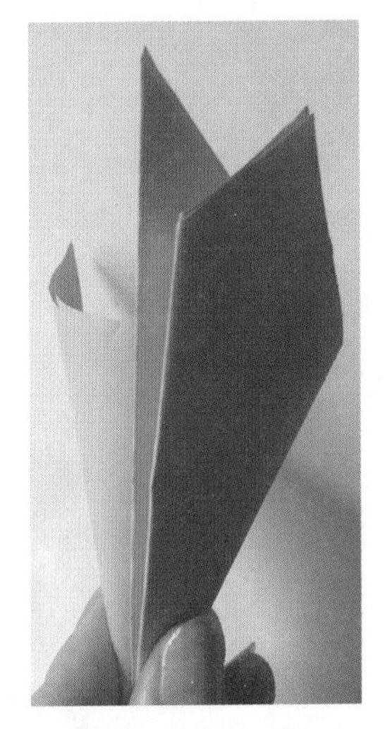
图 4-69　余下部分后折即可

图 4-70　五折剪纸图案

⑤ 在此基础上再对折为团花或十折折法，如图 4-71～图 4-73 所示。

图 4-71　五折后

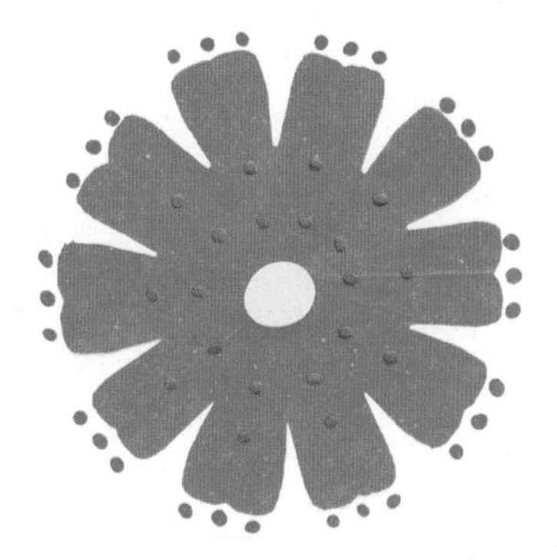
图 4-72　团花

图 4-73　十角纹样

（3）脱稿剪纸

脱稿剪纸和绘稿剪刻相对应，是在剪纸基础上衍生出来的剪纸活动，适合 3～6 岁幼儿参与。它的特点是：首先，不用预先画好画稿，而是根据对幼儿的训练与辅导，练就其用剪刀代笔，一气呵成的剪纸技巧。其次，脱稿剪纸可以根据眼前的物象随形而剪，对训练幼儿的手、眼协调能力及观察能力有很好的促进作用。如图 4-74～图 4-77 所示为一些儿童的脱稿剪纸作品。

图 4-74 脱稿剪纸一

图 4-75 脱稿剪纸二

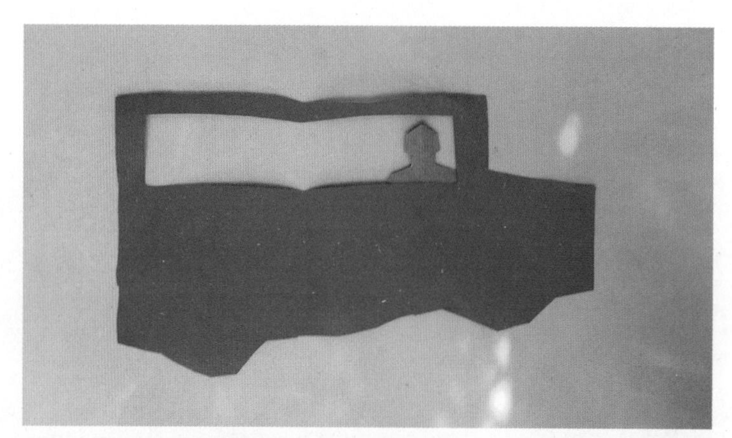

图 4-76 脱稿剪纸三

图 4-77 绿娃娃

近两年，北京市多所幼儿园都在尝试脱稿剪纸项目教学。从某种角度讲这种“挖深坑”的深度探索，可以探索幼儿在剪纸技能及观察能力方面的发展，但也存在很多问题。问题一：如何通过剪纸造型的发展深刻影响幼儿的绘画及其他艺术形式造型能力的发展，换句话说，脱稿剪纸项目训练可以使幼儿自然造型能力规律改变或提早发展吗？问题二：脱稿剪纸项目训练是否能够使幼儿的观察与表现能力超越应有的自然绘画能力水平？如果结论是肯定的，脱稿剪纸才值得推广。

事实上，通过对参与脱稿剪纸项目试验的多位教师调查发现：几乎每天剪纸，训练一学期以上，幼儿方有脱稿剪纸的能力。根据对幼儿作品及作者年龄对比分析：幼儿脱稿剪纸的造型水平与其自然绘画造型水平发展基本平行(图 4-78～图 4-83)。事实证明：幼儿首先有相应的绘画能力，方能进行脱稿剪纸训练。这样的单项长时间“深度”训练既然对幼儿的各种能力没有显著的促进作用，就应该考虑还是要用“综合理念”达到促进发展的目的。

(4) 图底法创意剪纸

在剪纸活动过程中，一般是将要表现的纹样留下，把剪掉的部分丢弃。在图底法剪纸中，注重纹样正形(形象)和负形(剪掉形象后剩余部分)的设计技巧，不仅保留绘制设计的正形纹样，剪下的负形也作为整个作品的一部分。图 4-84～图 4-87 所示是不同形式的图底创意作品，请仔细分析作品，找出画面中的图与底。根据作品分析这种剪纸的技巧和创造性的表现方法，设计出适合儿童的表现内容和表现形式。图 4-88～图 4-91 所示是一位幼儿的剪纸过程及作品。

图 4-78　大班绘画《值日》

图 4-79　大班绘画《溜滑梯》

图 4-80　脱稿剪纸《跳绳》

图 4-81　脱稿剪纸《加油》

图 4-82　大班情境脱稿剪纸

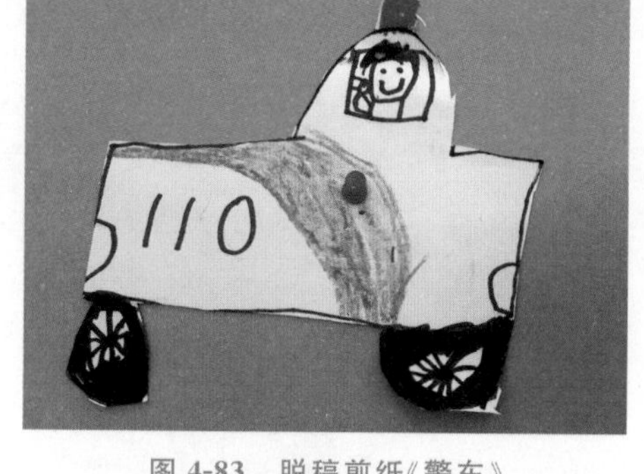

图 4-83　脱稿剪纸《警车》

图 4-84　图底创意作品一

图 4-85　图底创意作品二

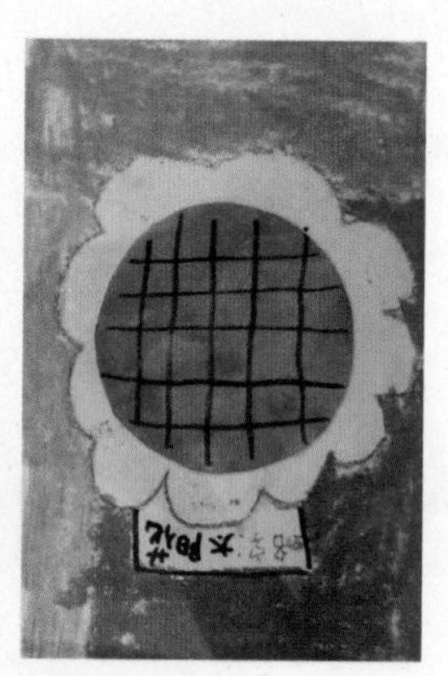

图 4-86　图底创意作品三

图 4-87　图底创意作品四

图 4-88　剪纸的幼儿

图 4-89　钓鱼

图 4-90　比赛

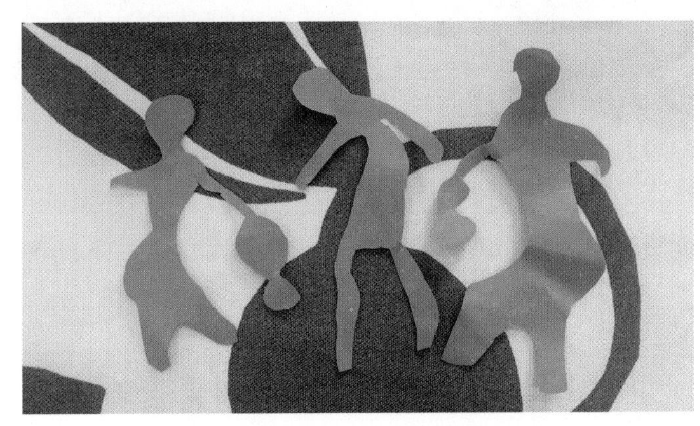

图 4-91　运动

在剪刀和纸的游戏中，幼儿能获得什么？这是一名学前教育专业学生应该思考的问题，也是在职幼儿教师应该思考的问题，更是教育研究者应该思考的问题……无论在手工教育活动和区域活动中采用什么样的艺术形式、无论应用什么样的工具材料参与活动，一定不能流于形式。不流于形式的前提是幼儿教师要不断增长自己的职业素养，力图在哪怕是一片废纸上，寻找到教育的契合点。

（5）图形拼贴

图形拼贴很适合放在区角活动中。对于象征期的孩子来讲，能够顺畅地理解图形与周围物象间建立的联系，也有能力用图形符号外化视觉形象，并在不断观察和表现中提高自己的认知经验，图 4-92 所示为幼儿的图形拼贴作品。

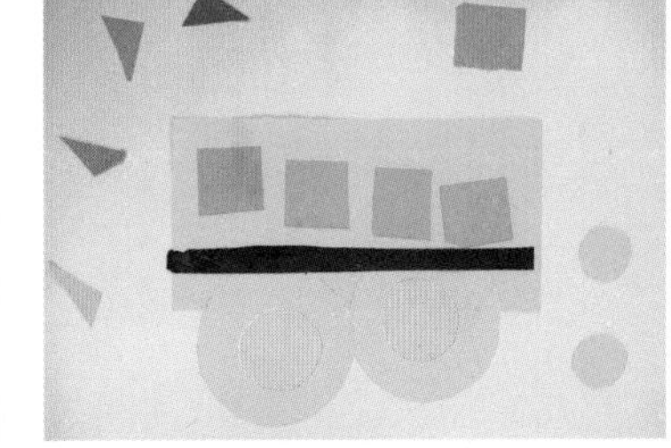

图 4-92　幼儿的图形拼贴作品

（6）纸图形创意

利用规则的纸图形进行创意（图形趣味纸艺），是近几年学前教育专业手工课程里开发出来的课程内容，是“图形趣味纸艺”主题课程中的一部分。其目的在于：根据学前教育专业学生造型能力薄弱、形象积累极少、艺术表现和艺术欣赏能力水平不足的现状，摸索出的一套快速提高、开发和促进学生的形象创造力、艺术表现力和基本欣赏能力的系列课程。以满足学生职后适应工作和职业发展的需要。

如果仔细观察图 4-93～图 4-107 所示的纸图形创意作品，会发现这些图中的形象全部与圆形有关，这些图经历了从简单到复杂、从单个图形到复合图形、从平面到立体、从纸材到其他材料的过程，在此过程中，教师引导幼儿思考的方向，并为幼儿提供足够的思维空间和足够的时间，使幼儿在实践和思考的过程中完成了很多物与像的连接过程，在丰富幼儿物像经验的同时，学会了知识迁移的方法。

图形创意

图 4-93　瓢虫

图 4-94　狮子

图 4-95　乌龟

图 4-96　兔子

图 4-97　蜜蜂

图 4-98　熊猫

图 4-99　螃蟹

图 4-100　抽象装饰

图 4-101　青虫

图 4-102　鸭子

图 4-103　钟表

图 4-104　小熊

图 4-105　太阳

图 4-106　装饰

图 4-107　跳舞的蜜蜂

“趣味图形纸艺”中有很多小的探索主题,你可以根据上面的图和文字描述,自己尝试设定探索主题,如长方形的创意(图 4-108 和图 4-109)、昆虫主题创意等。

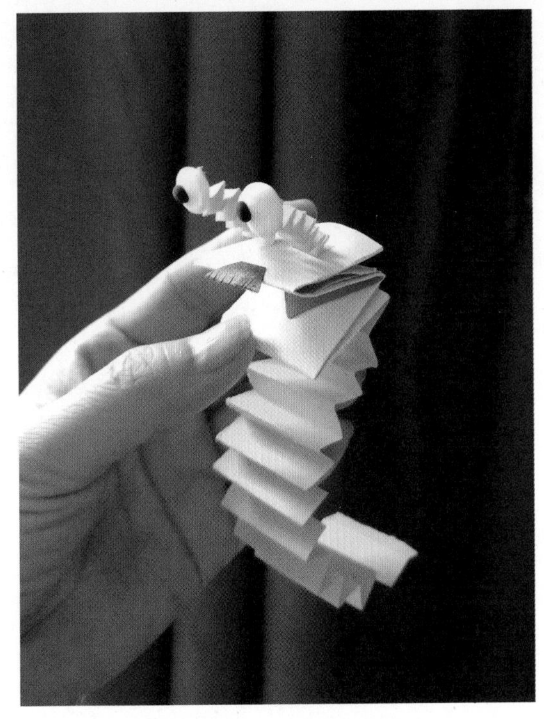

图 4-108 活动的虫子

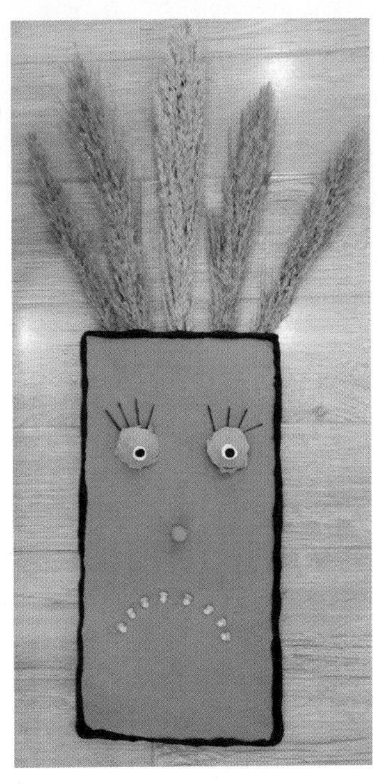

图 4-109 伤心

2. 撕纸

(1) 儿童撕纸与撕纸艺术的形成

6 个月左右的孩子会像小猫一样喜爱撕纸,他们只要见到纸,便会兴奋地撕扯,并满足纸在手中的变化和发出的哗哗声。但此时的撕纸是无目的行为。奇怪的是经过一段时间的撕扯实践,那么小的孩子却能慢慢分辨什么可以撕,什么不可以撕。因此,千万不要阻止孩子撕纸,因为这是孩子触觉发展高峰的标志之一。

撕纸行为本身属于最原始的感知状态,与艺术没有直接的关系,但从事艺术教育的工作者发现了纸张被撕裂后的美感,那种粗犷、稚拙的美是剪纸的视觉效果所不能代替的。于是,将“撕”这个不经意的动作提炼为一种手工技巧,这样撕纸就与艺术有了紧密的联系。怎样更快更好地掌握撕纸的技巧和艺术表现形式呢?

(2) 选纸和撕纸的技巧

① 选纸:要选择能够撕出毛边的纸,如电光纸、双色彩纸、毛边纸等都适合于撕纸活动。

② 撕纸技巧:一般用双手的大拇指和食指捏住纸张,使两手的大拇指挨在一起,如果两个大拇指距离过远就无法控制纸的形状。

撕纸时注意同时向前后相反方向撕,同时,大拇指向前后方向扭动手腕。

速度不宜过快,撕的动作过快有些纸就不易出现毛边。

(3) 撕纸的题材

在撕纸活动中,“题材”解决的是“撕什么”的问题,幼儿撕的经验越多就更应该关注题材的问题。因为通过题材的变化不仅可以使幼儿增加兴趣,而且可以促进幼儿观察和表现生活经验的能力。撕纸的题材非常广泛,但因撕纸是用手、指造型,因此撕出的形象一般概括、粗犷,但不呆板,非常生动,如图 4-110～图 4-116 所示。

图 4-110　鸡蛋和蔬菜

图 4-111　面条

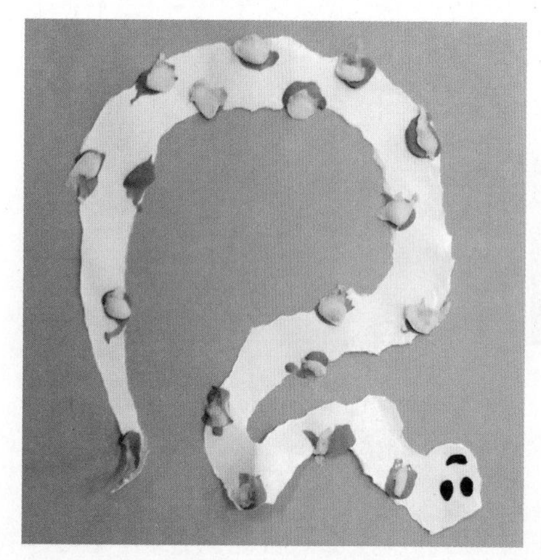
图 4-112　蛇

图 4-113　鱼

图 4-114　少女

图 4-115　鸭子

图 4-116　早餐

（4）撕纸与其他形式的结合

绘画能力水平是儿童造型能力水平的代表。只要在撕纸的过程中能表现的造型，就一定可以通过绘画形式诠释出来。相反，儿童能够画出来的场景和形象，用撕纸的形式不一定能完美地表现（从这个结论可以确定：发展儿童的绘画能力是多么重要）。这种因果关系不仅在小班存在，中班、大班同样有这种不可扭转的因果关系。因此，撕纸与绘画结合，是完美而灵活的艺术形式，如图 4-117～图 4-119 所示。儿童在撕纸中寻找到的奔放、灵性、创造的意图，可以通过绘画形式的加入得到完善和补充。

图 4-117　撕纸与照片

图 4-118　撕纸与画结合

图 4-119　纸与观察结合

3. 染纸

染纸是利用生宣纸容易渲染的特性进行的手工艺术活动，借鉴了传统蜡染的工艺技巧，用生宣纸和彩色墨水代替布和染料，既简便又能让孩子喜爱。染纸的过程不仅有预设性，更多时候可以产生意想不到的偶然效果。很像陶瓷工艺中的“开片”过程，给人带来猜测、期待和惊喜感。

(1) 染纸工具材料

长方形或正方形的生宣纸、小瓷盘或玻璃碗，有边框的大镜子或有塑料桌布的大桌面，彩色墨水等(图 4-120)。

(2) 染纸方法

蘸染：先将长方形或正方形纸折叠，然后蘸染(图 4-121)。注意蘸染时颜色不宜细碎，且要注意对比色的使用。

图 4-120　彩色墨水、生宣纸、玻璃碗

图 4-121　蘸染

（3）根据材料性能拓展

如果我们了解和掌握宣纸和颜料的特性，就可以创设很多有趣的染纸活动，根据活动目标不同，可以有趣味性的小班染纸，中大班的折叠染纸和印染，还可以将染好的纸再利用。染纸和色染作品如图 4-122～图 4-128 所示。

图 4-122　染纸作品一

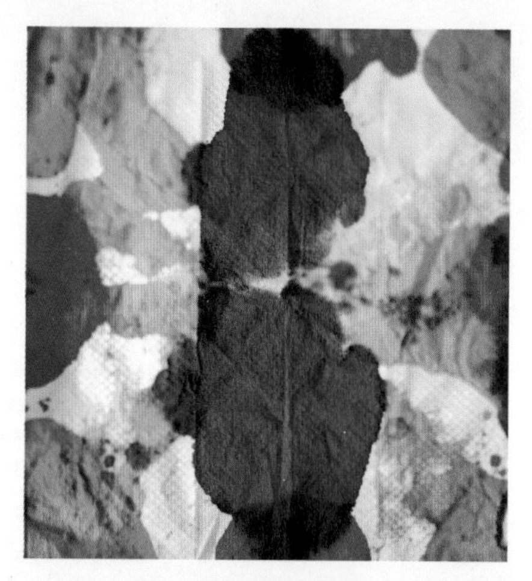

图 4-123　染纸作品二

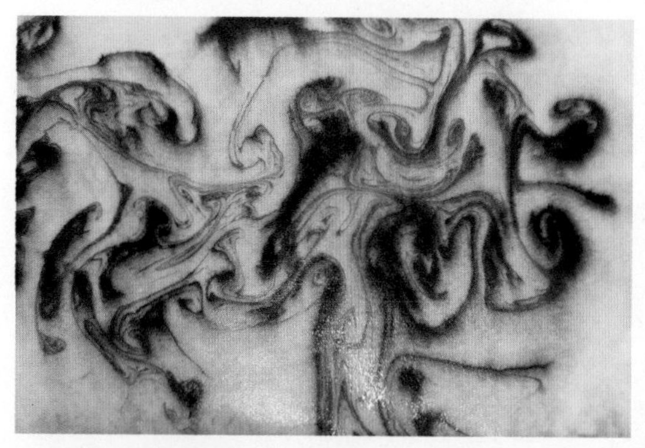

图 4-124　水墨染纸一

图 4-125　水墨染纸二

图 4-126　水墨色染一

图 4-127　水墨色染二

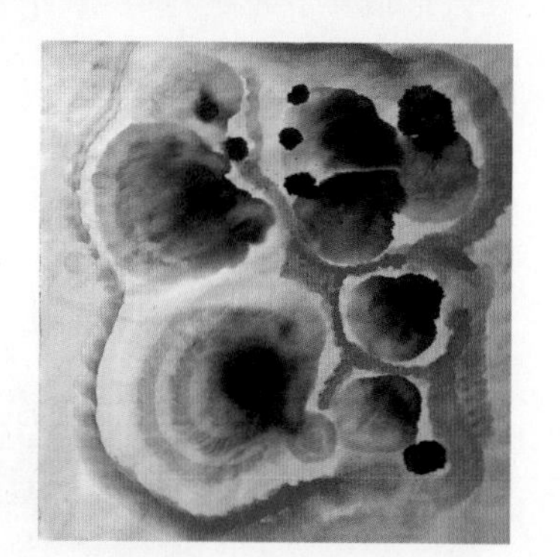

图 4-128　水墨色染三

（二）纸浮雕

浮雕多指在建筑、家具等平面材料或器物上雕琢出凹凸效果的装饰图案。纸浮雕是借鉴建筑等浮雕艺术效果，用纸材料和一些基本技法创造出浮雕效果的图案。纸浮雕作品如图 4-129～图 4-133 所示。

图 4-129　旅行

图 4-130　多层几何形

图 4-131　火

图 4-132　兔子

浮雕介于二维和三维造型之间，一面必须附着在其他物质材料上，向外的一面在光线下有凹凸的明暗效果。根据纸材料造型的特点和浮雕风格，可分为以下几类。

1. 多层粘贴纸浮雕

利用平面纸形反复粘贴，形成浮雕的效果。

反复粘贴纸雕的过程中应注意两点：首先在粘贴每层纸形的时候，选择厚的一面用胶条粘贴，这样浮雕的效果会更好；其次，要选择相近色的纸粘贴同一形象，否则颜色很难统一协调。

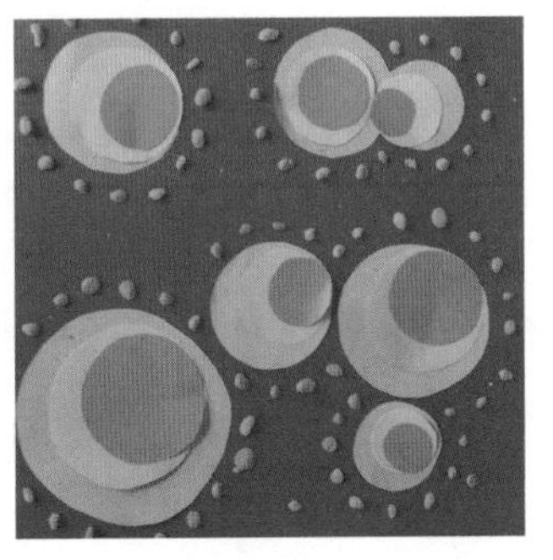

图 4-133　一个比一个大

2. 折叠纸浮雕

折叠纸浮雕主要通过画线（图 4-134）、折（图 4-135）、粘贴（图 4-136和图 4-137）等技巧造型。折叠浮雕适合直线或硬线造型。浮雕效果明暗分明，有棱角感。折叠浮雕作品如图 4-138～图 4-142 所示。

图 4-134　将剪好的形画折线并用刀子沿线划一下

图 4-135　将铅笔线擦掉然后沿划印的线轻轻折叠即可

图 4-136　粘贴方法(同向粘贴)

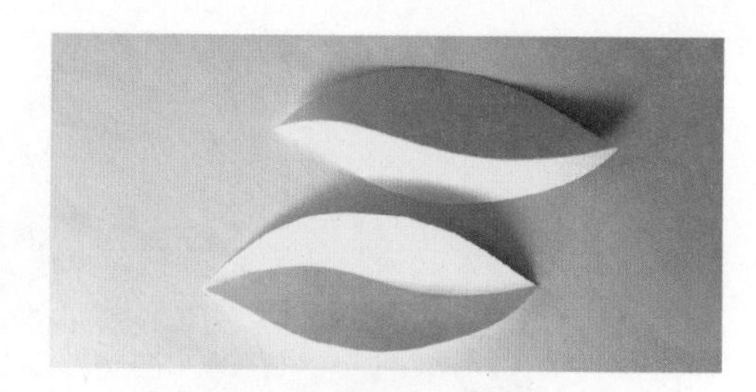

图 4-137　粘贴方法(不同向粘贴)

图 4-138　折叠浮雕作品一

图 4-139　折叠浮雕作品二

图 4-140　折叠浮雕作品三

图 4-141　折叠浮雕作品四

图 4-142　折叠浮雕作品五

3. 压边纸浮雕

用较厚的彩纸剪、压造型。主要方法是将剪好的纸形放手心，用圆头的顺手工具沿纸边下压（图 4-143），使其形成明显的凹陷感，如图 4-144 所示。（注意：边缘处尽量不要有褶皱感，要流畅平滑才好看。）

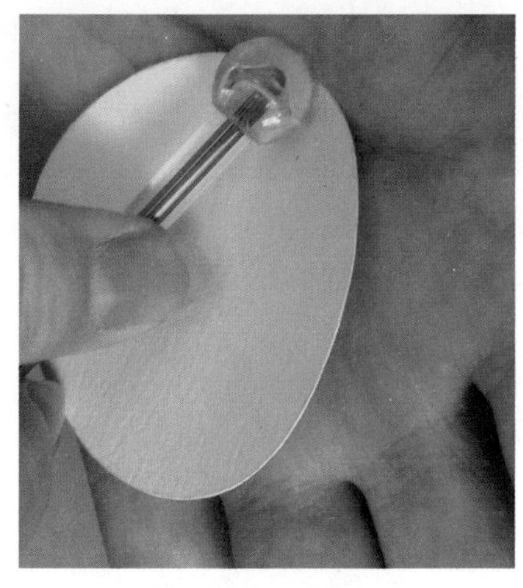

图 4-143 压的动作

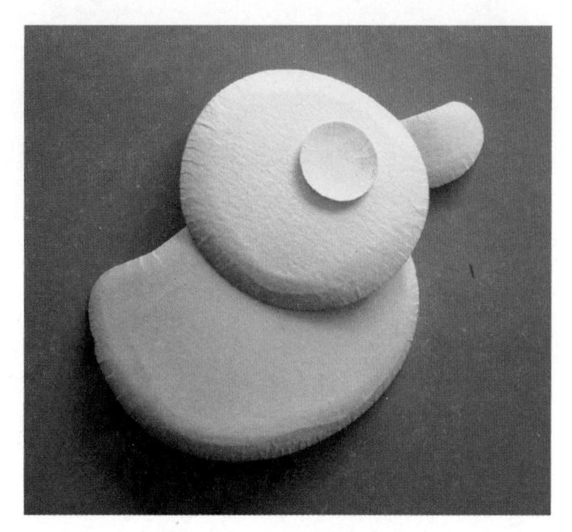

图 4-144 压好边的鸭子

压边纸浮雕对用线有严格的要求：要求用流畅的圆线、弧线造型，避免用折线、直线造型。用流畅线画出的形象造型圆润可爱，用压边的方法制作完成后更加可爱，如图 4-145～图 4-162所示。

图 4-145 戴眼镜的女孩

图 4-146 小象和鸟

图 4-147 花

图 4-148 青蛙

图 4-149　小熊

图 4-150　三只浣熊

图 4-151　鲸鱼

图 4-152　小鹿

图 4-153　下雪

图 4-154　快乐一家

图 4-155　动物聚会

图 4-156　朋友

图 4-157 观景

图 4-158 观

图 4-159 猫头鹰

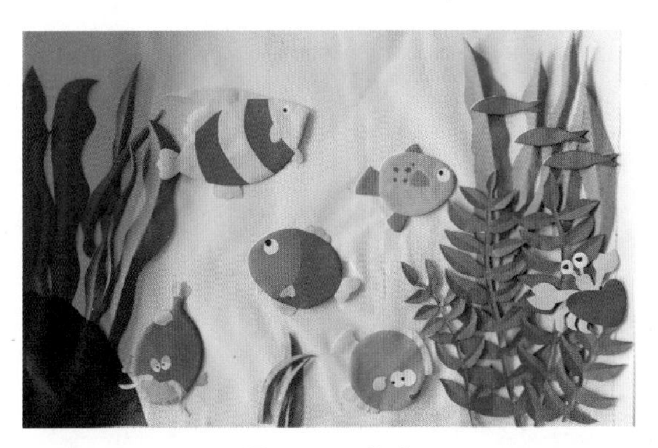

图 4-160 海底

图 4-161 昆虫

图 4-162 戏水

（三）立体纸艺

立体纸艺是指用不同手工技巧，将平面纸塑造成三维立体形象的创意。

1. 对折出的形象

将长方形、正方形、三角形、圆形、椭圆形等规则纸张，用对折的方法使其站立，在此基础上再进行创意想象。

(1) 将长方形或正方形对折，使其能够站立，这样便会产生很多灵感和创意想法，根据长方形长和宽的比例不同，对折后的形状不同，视觉联想也会有不同，形成的形象就会有区别。如图 4-163～图 4-168 所示。

图 4-163　纸对折后站立

图 4-164　对折形象一

图 4-165　对折形象二

图 4-166　对折形象三

图 4-167　对折形象四

图 4-168　对折形象五

(2) 将长方形或正方形对折后，与一个圆形组合，能产生什么样的灵感？可以创意出什么形象？如果圆形与对折后的图形组合，不同的位置又能产生哪些不同的灵感呢？如图 4-169～图 4-174 所示。

图 4-169　长方形对折与圆形组合

图 4-170　剪去一个小长方形再组合

图 4-171　对折组合形象一

图 4-172　对折组合形象二

图 4-173　对折组合形象三

图 4-174　对折组合形象四

(3) 对折后换个方向，再和圆形组合，是否有新的灵感？如图 4-175～图 4-178 所示。

图 4-175　模本样板

图 4-176　创意作品一

图 4-177　创意作品二

图 4-178　创意作品三

(4) 将长方形长边对折后，会产生一种很长的视觉效果。在一张长方形的纸上画一只小狐狸(图 4-179)，剪下来(图 4-180)打开，用笔画出眼睛和嘴巴(图 4-181)，再把尾巴折起来(图 4-182)，一只可爱的小狐狸就诞生了。其他创意作品如图 4-183～图 4-186 所示。

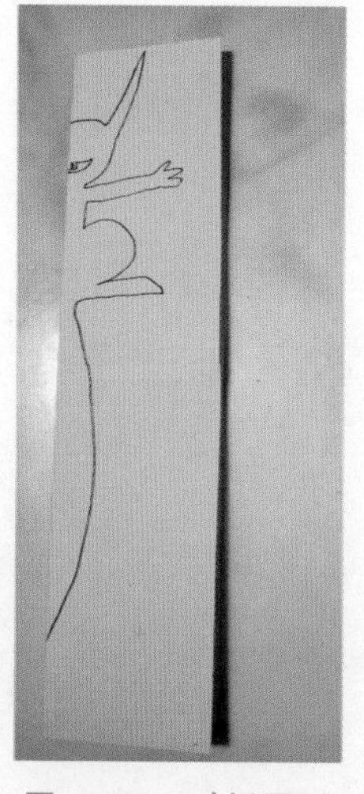

图 4-179　对折画形

图 4-180　沿线剪

图 4-181　用笔装饰

图 4-182　将尾巴向后折

图 4-183　创意形象一

图 4-184　创意形象二

图 4-185　创意形象三

图 4-186　创意形象四

(5) 很长的纸反复折，折好后像手风琴的风箱一样，有怎样的视觉灵感呢？如图 4-187～图 4-192 所示。

图 4-187　长方形反复对折

图 4-188　创意形象一

图 4-189　创意形象二

图 4-190　创意形象三

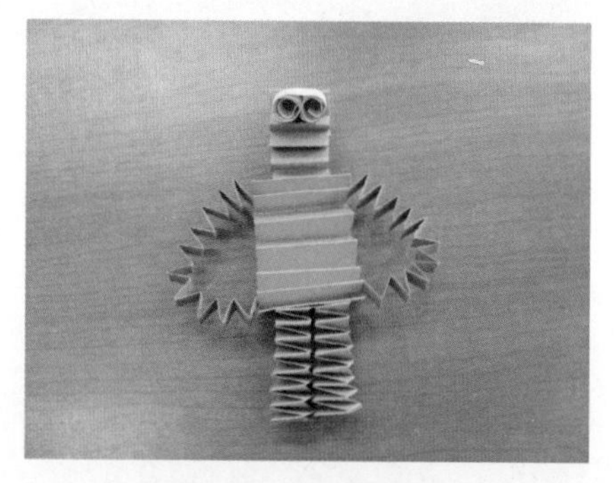

图 4-191　创意形象四

图 4-192　创意形象五

（6）圆形或椭圆形对折，会产生怎样的视觉感受呢？如图 4-193～图 4-202 所示。

图 4-193　圆形对折

图 4-194　与其他形状组合

图 4-195　创意形象一

图 4-196　创意形象二

图 4-197　创意形象三

图 4-198　创意形象四

图 4-199　创意形象五

图 4-200　创意形象六

图 4-201　创意形象七

图 4-202　创意形象八

2. 纸筒形象

用长方形、正方形、扇形等形状制作出各种直筒或锥筒(图 4-203),在此基础上进行创意的过程。主要思路:将纸筒单独用可以制作什么?组合用可以创意出什么?和其他图形组合可以制作什么?可以用什么代替纸筒创意?

(1) 对纸筒形状进行创意，能得到许多灵感，如图 4-204～图 4-209 所示。

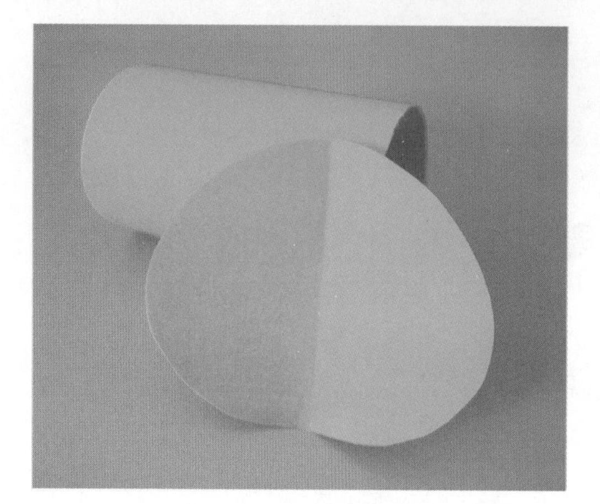

图 4-203　筒状、锥状

图 4-204　筒状创意一

图 4-205　筒状创意二

图 4-206　筒状创意三

图 4-207　筒状创意四

图 4-208　筒状创意五

(2) 对锥状进行创意，能得到哪些灵感呢？如图 4-210～图 4-216 所示。

图 4-209　筒状创意六

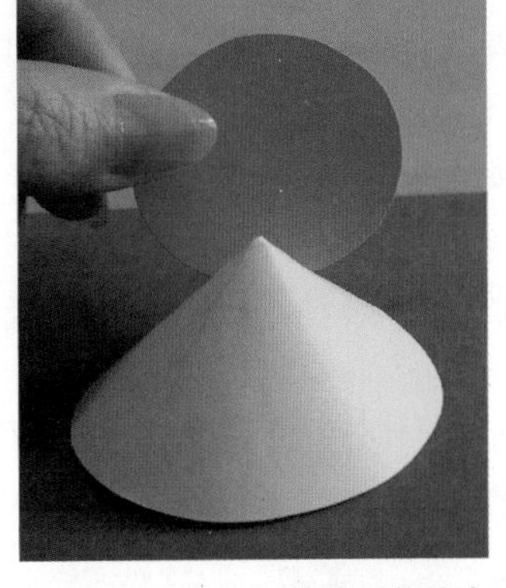

图 4-210　锥状与其他形状结合

图 4-211　锥状创意一

图 4-212　锥状创意二

图 4-213　锥状创意三

图 4-214　锥状创意四

图 4-215　锥状创意五

图 4-216　创意形象组合

3. 插接创意形象

(1) 插接创意是用插接的技巧将平面纸型组合在一起，根据创意思路，制作出立体形象的过程。在幼儿园的益智区，插片插接是教师利用插接技巧进行创意的目标之一。此处介绍的插接方法以制作玩教具或环境装饰为目标。

(2) 插接的基本方法如下。

① 图 4-217 所示左侧圆形为中心插片，中心插片基本为圆形。中心插片上的插口是插瓣数量的两倍；图的右侧四片为插瓣，插瓣的形状可根据设计不同，用不同的形状，主要插瓣的开口位置。

② 将插瓣插入中心插片(图 4-218)，一个插瓣占两个插口。将四片插瓣都插好，一个纸球完成了(图 4-219)。其他插接作品如图 4-220～图 4-223 所示。

图 4-217　中心插片与圆形插瓣

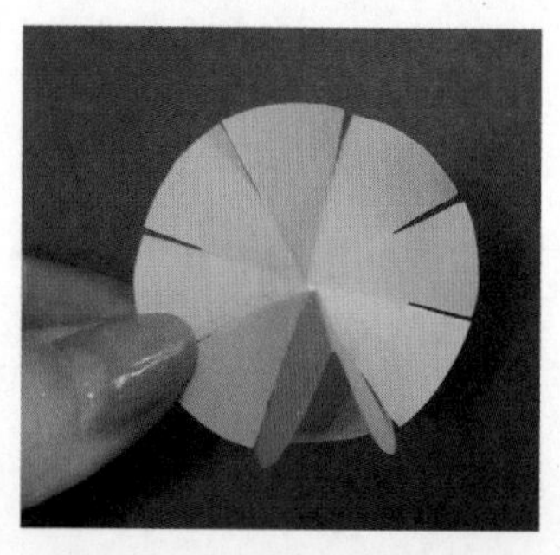
图 4-218　插瓣与中心插片

图 4-219　插好的纸球

图 4-220　插接创意作品一

图 4-221　插接创意作品二

图 4-222　插接创意作品三

二、布艺形式

一般情况下，无论使用什么样的材料参与艺术表现，视觉空间艺术表现形式会按照空间关系分为平面式、浮雕式和三维立体式三种形式表现作品创意。

图 4-223　插接创意作品四

（一）平面式布艺

平面式布艺以装饰画面为主。一般用不同材质的布，按照设计好的图稿剪形，并按原稿再粘贴。

幼儿园通常用的布材料是不织布、无纺布，它们布质较硬，容易剪形，也易于粘贴。缝衣服、做被子剩下的边角料也可以用于粘贴，但因它们材质较软，因此使用前最好用糨糊将布刷裱硬以后再使用。平面布艺作品如图 4-224～图 4-232 所示。

图 4-224　布贴动物

图 4-225　布做的书

图 4-226　布补花

图 4-227　布贴　母鸡妈妈

图 4-228　不织布　动物

图 4-229　不织布　斑马

图 4-230　小装饰

图 4-231　无纺布　动物

图 4-232　不织布　池塘里的青蛙

（二）浮雕式布艺

用布材制作浮雕式作品需要一定的技巧，首先画图、剪形，然后要将布形处理成有一定厚度的形，最后将其拼贴在一起即可，如堆秀艺术。浮雕布艺作品如图 4-233～图 4-238 所示。

图 4-233　布浮雕(老虎)

图 4-234　布浮雕(荷花)

图 4-235　布浮雕(郁金香)

图 4-236　布浮雕(并蒂莲)

图 4-237　布浮雕(娃娃)

图 4-238　布浮雕(牡丹)

我们还可以借鉴堆秀艺术的技巧,用易剪而又有韧性的纸材代替布材料,并简化工序和难度,便可以更灵巧方便地用于教学和环境装饰。如图 4-239～图 4-248 所示。

图 4-239　制作浮雕工具材料

图 4-240　将底纸固定在泡沫板上

图 4-241　在固定好的底纸上画稿

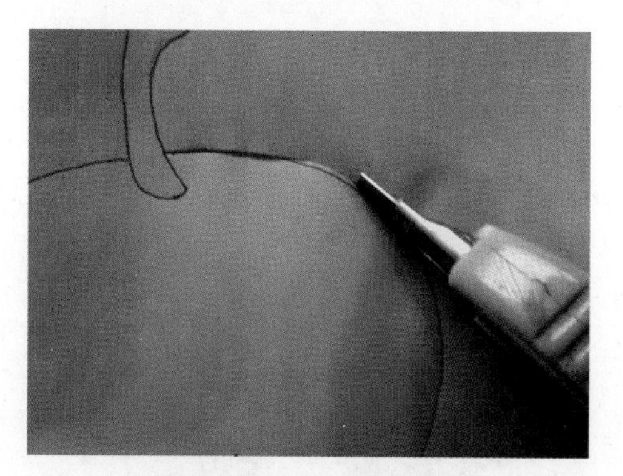

图 4-242　用刀沿线切缝

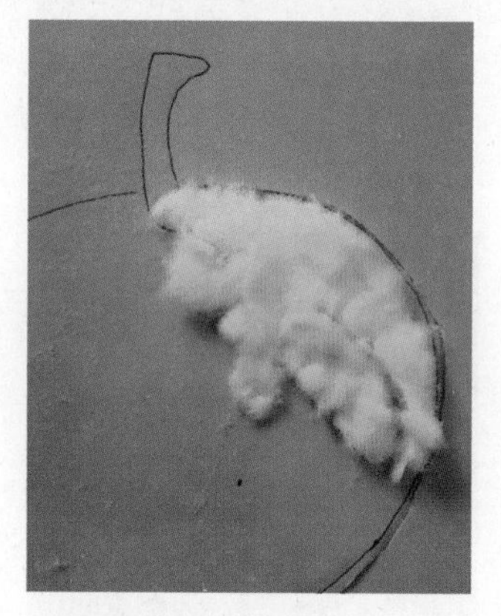

图 4-243　在图稿上铺棉花

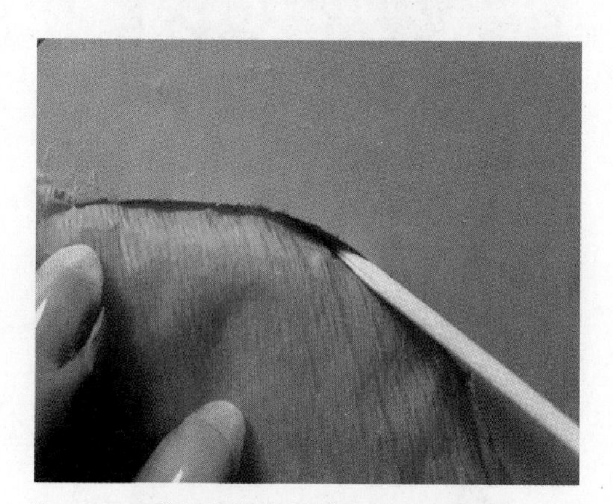

图 4-244　剪适当颜色软皱纹纸用牙签塞入缝隙

图 4-245　制作好的作品

图 4-246　创意作品一

图 4-247　创意作品二

图 4-248　创意作品三

（三）三维立体式布艺

民间布艺的形式很多，用途也很广泛，不仅寄托了人们的美好愿望，用于美化生活，还可以用于儿童玩耍或家居生活，如图 4-249～图 4-260 所示。

图 4-249　布玩具一

图 4-250　布玩具二

图 4-251　布玩具三

图 4-252　布玩具四

图 4-253　布挂饰一

图 4-254　布挂饰二

图 4-255　布艺书包

图 4-256　布艺家居饰品

图 4-257　布风筝

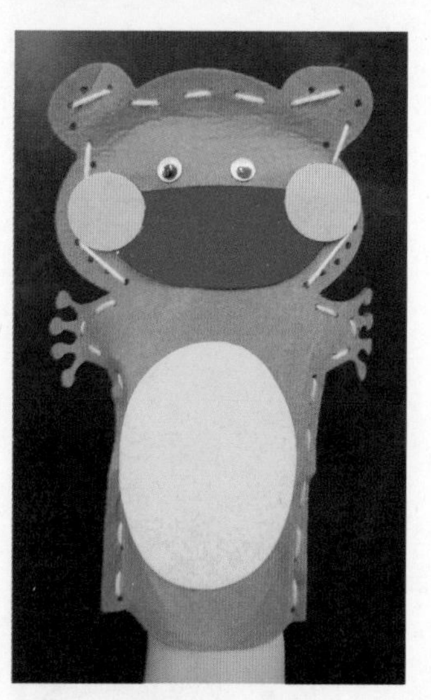

图 4-258　布偶

图 4-259　布质靠垫

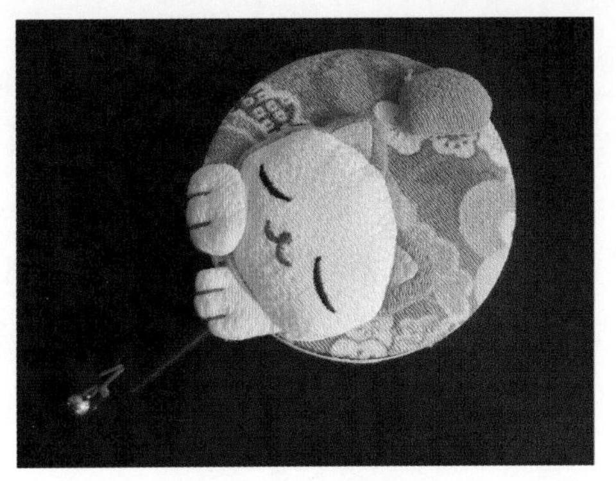

图 4-260　布质镜盒盖

布老虎是最有中国民族气息的立体布艺作品了。在民间，端午节时盛行给孩子们做布老虎，或是用雄黄在孩子的额头画虎脸，还要在老虎的脸上绣“王”字，其意义是希望孩子们像虎一样勇敢、强壮，健康成长。民间做布老虎的形式多种多样，有单头虎、双头虎、四头虎，还有子母虎、枕头虎、套虎等以及新生儿“洗三”(婴儿出生三天时)、百日、周岁生日、两岁生日时，人们也常常做各种形式的布老虎，同样具有驱邪、祛病、祝福的美好寓意。如图图 4-261 所示。

图 4-261　布老虎

总之在民间布艺学习过程中，既能了解民俗艺术的精髓，又能借鉴民间布艺的艺术形式，使其成为幼儿园手工艺术的一个元素，对传承民间艺术和人民的美好愿望有很好的作用。

在幼儿园，布艺益智、体育玩具比较常见。2007 年在北京市幼儿园玩教具比赛中，呈现出大批布制玩教具，参赛的幼儿园(所)及教师，对促进幼儿体能发展和智力开发做出了贡献。如图 4-262～图 4-267 所示。

图 4-262　布动物玩具

图 4-263　布质进区卡

图 4-264　彩虹伞

图 4-265　布指偶

图 4-266　布质书

图 4-267　布编织玩具

图 4-268～图 4-270 是北京市海淀区某幼儿园的户外体育活动课，教师利用一块圆形彩色布，将幼儿和自己紧密地联系在一起。孩子们在游戏规则引导下，对圆形布进行蹲、抓、抛、钻等协作动作，这块布不仅是一件体育活动的工具，更是孩子整齐协作能力的呈现。从孩子参与活动的热情、发出的欢笑声和脸上洋溢着的兴奋，能体会到孩子们此时的欢乐。

为了开发幼儿园手工活动课程内容，尝试用柔韧性较强的纸代替布，在借鉴民族手工艺内容的基础上制作一些即便捷又适合幼儿参与的艺术作品，如图 4-271～图 4-273 所示。

图 4-268　幼儿园户外体育活动一

图 4-269　幼儿园户外体育活动二

图 4-270　幼儿园户外体育活动三

图 4-271　纸质指偶

图 4-272　纸质挂饰一

图 4-273　纸质挂饰二

三、板状材料的艺术形式

根据板状材料的质地不同，应用的方法也有区别。例如，石膏板易碎，就不适合改变石膏板的形态，只能运用适当技巧在板上进行雕刻或画等艺术实践活动。而 PVC 板、纸板、泡沫板、保温板等比较容易裁剪或改变形态，因此可以尝试用浮雕或立体的艺术形式表现。

（一）板材平面艺术

1. 石膏板

市场上有专用于手工雕刻艺术的石膏板，但面积较小。如果做大型创作，可以用石膏粉自制适度大小的石膏板。在建筑市场上，有厚度适中的吊顶用石膏板，大小一般为 50cm×50cm 或 60cm×60cm，可以选择没有凹凸纹样的吊顶石膏板雕刻。

(1) 工具材料：雕刻刀、素描纸、铅笔、小手套、石膏板、小刷子、复写纸等。

(2) 基本过程如图 4-274～图 4-277 所示。

① 在素描纸上画稿，并用复写纸拓在石膏板上。

② 戴上小手套，用雕刻刀沿线雕刻，并随时用小刷子将刻下的石膏粉刷掉。

③ 最后将雕刻好的画面整理一下，也可根据需要上色。

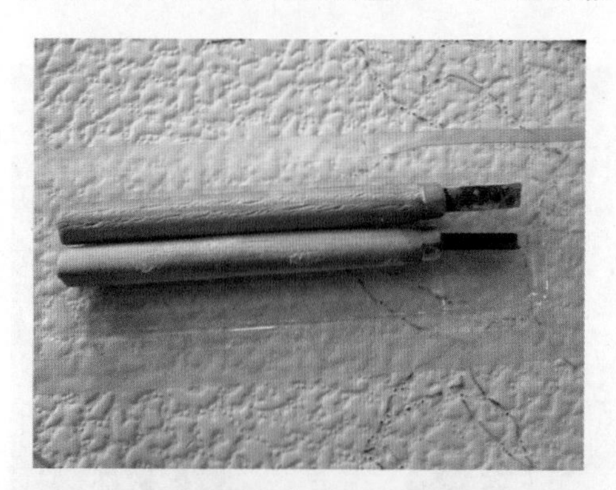

图 4-274　雕刻刀和石膏板

图 4-275　沿线雕(最好戴手套)

图 4-276　雕好的成品一

图 4-277　雕好的成品二

2. 纸板

纸板不仅可以用于手工剪裁活动，也可以雕刻，还可以用于绘画活动。

(1) 工具材料:纸板、刻纸刀或裁纸刀、铅笔、水粉色、毛笔等。

(2) 基本技法如下。

① 在纸板上画稿,并在需要刻掉处做记号。

② 用裁纸刀或刻纸刀沿线刻,并耐心地把多余部分撕掉,使纸板中间有凹凸的瓦楞部分露出来。

③ 最后将多余部分整理干净即可,如有需要也可以涂色装饰,如图 4-278～图 4-282 所示。

图 4-278 画稿

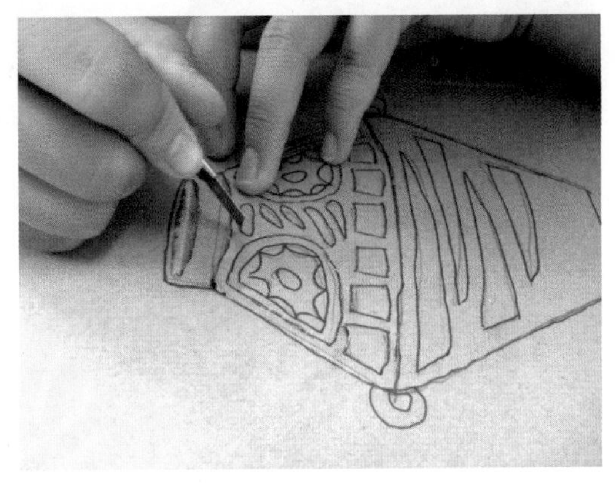

图 4-279 沿线刻

图 4-280 刻好的图样

图 4-281 作品一

3. PVC 板

PVC 板有两种质地,一种可以轻易将表面的塑皮揭下来,另一种不能将塑皮揭下来,要选择前者,便可以用刻的方法呈现艺术创意。

(1) 工具材料:PVC 板、素描纸、圆珠笔、铁夹子、刻刀或裁纸刀。

(2) 基本技法如下。

① 在素描纸上将设计好的创意稿画好,并用铁夹子将画稿与 PVC 板固定好。

② 用圆珠笔沿画稿较用力地刻画图稿,使画稿复制在 PVC 板上。

③ 用刻刀或裁纸刀将 PVC 板上的画稿沿线刻,在刻的过程中,仔细分析画稿,保留需要的纹样,将多余的部分塑皮撕下去即可。PVC 板制作及作品如图 4-283～图 4-287 所示。

图 4-282 作品二

图 4-283　刻稿并分析画稿

图 4-284　PVC 板作品一

图 4-285　PVC 板作品二

图 4-286　PVC 板作品三

图 4-287　PVC 板作品四

（二）板材浮雕艺术

板状材料制作浮雕作品需要先将板裁形，然后多层粘贴，形成浮雕式的表现形式。纸板浮雕和 PVC 板材浮雕作品如图 4-288～图 4-294 所示。

图 4-288 纸板狮子

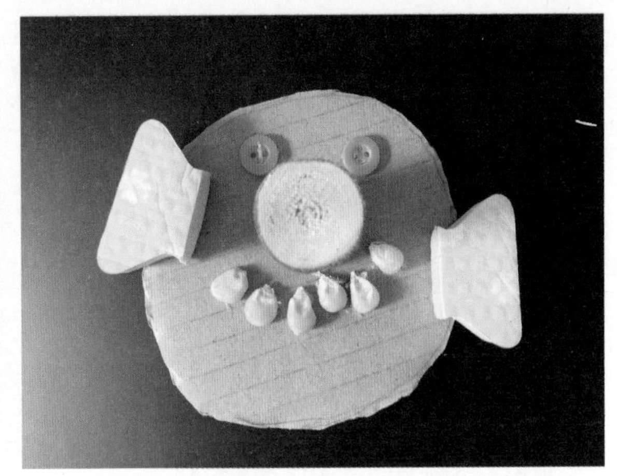

图 4-289 纸板丑人

图 4-290 纸板人偶

图 4-291 纸板装饰画

图 4-292 PVC 板 人物

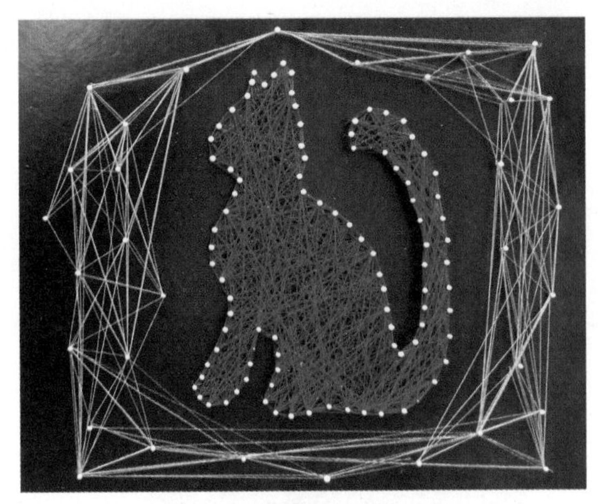

图 4-293 PVC 板绕线艺术

（三）板材立体艺术

用纸板创造立体作品形式不仅需要一定技巧，更需要创意思维和一定的视野。纸板和木板立体作品如图 4-295～图 4-304 所示。

图 4-294　纸板建筑

图 4-295　纸板恐龙

图 4-296　纸板玩具

图 4-297　纸板乐器

图 4-298　木板艺术品

图 4-299　纸板提线偶

图 4-300 幼儿园纸板环境装饰

图 4-301 纸板和泥结合

图 4-302 纸板头饰

图 4-303 纸板画

图 4-304 纸板钟表

任务四 掌握平面材料在幼儿园活动中的应用

在幼儿园的教育活动和区域活动中，平面材料中的纸应用最广泛，幼儿画画、剪纸、折纸等活动，环境装饰等都会选择纸作为主要材料。如果“常用”意味着不断探索和创意，是幼儿艺术教育的幸事；如果“常用”流于平庸，就阻碍了幼儿艺术教育的发展。

一、平面材料用于区域和环境

图 4-305～图 4-313 所示为平面材料用于区域和环境的案例展示。

图 4-305　PVC 版景物

图 4-306　PVC 板用于导视牌

图 4-307　PVC 板用于舞台布景

图 4-308　纸板用于教学

图 4-309　PVC 板用于教育环境

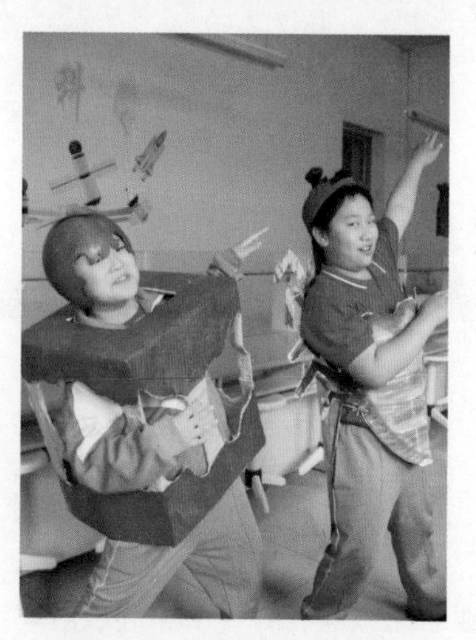

图 4-310　纸板用于英语剧

图 4-311　纸板用于环境创设

图 4-312　纸板玩具

图 4-313　纸板和泥用于创意

图 4-305～图 4-313 来自不同幼儿园的区域活动和环境装饰，但从照片上分析，幼儿园对面状材料的应用多为展示底板、区域活动隔板、作品底板等。如果使平面材料在幼儿园的教育活动中最大价值化，还需要教师们付出更多的努力。

图 4-314 和图 4-315 能够反映出纸板和布材在区域游戏和体育活动中的作用，不仅有实用功能，还为幼儿参与活动的兴趣提供可能性。

图 4-314　PVC 板在表演区域

图 4-315　户外活动使用的沙包

二、平面材料用于手工艺术教育活动

在幼儿园手工艺术教育活动中，要将材料的开发利用与教育内容、知识传递联系起来，这样才能体现教育理念中的“综合性”——学科知识综合、材料综合、艺术形式综合、作品表现形式综合等，真正融会贯通地、无痕迹地行使教育功能。以下介绍一个幼儿园主题活动案例。

主题活动——蚕。

（一）准备阶段

（1）观察准备：春天，可以将蚕种放到植物角，用于满足幼儿观察。

（2）知识准备：为幼儿讲解“蚕生长和生活习性”知识（蚕的生命过程如图 4-316～图 4-319）；还可以引导幼儿观察附近的桑树及变化，记录桑树发芽及叶子生长情况。

图 4-316　蚕蛾与蚕种

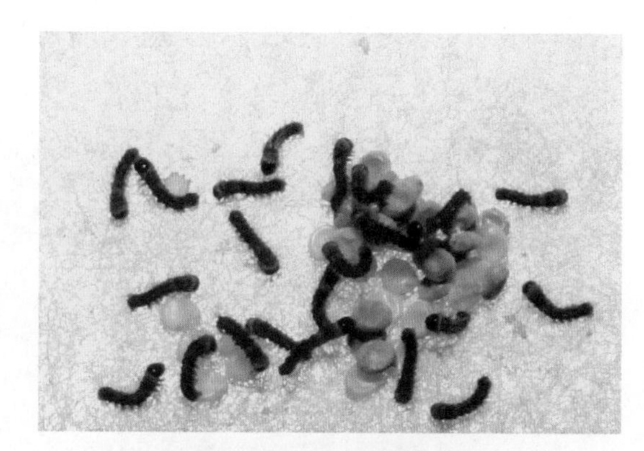

图 4-317　蚁蚕

图 4-318　桑蚕宝宝

图 4-319　蚕茧

晚唐诗人李商隐的著名诗句“春蚕到死丝方尽，蜡炬成灰泪始干”涉及蚕的内容，可以尝试让幼儿背诵并让他们了解诗的意境，还可以使幼儿了解李商隐这位诗人；南朝乐府西曲歌《作蚕丝》中描写道：“春蚕不应老，昼夜常怀丝。何惜微躯尽，缠绵自有时”又表达了什么样的思想呢？这些都是丰富教育活动内容，有效融合各领域知识的绝好时机。

（二）观察记录阶段

培养幼儿每天观察桑树、蚕的习惯，提示幼儿正确的观察方法，协助幼儿用适当的方法记录桑树和蚕的生长过程（可采用绘画和手工制作的方法）。

（三）艺术表现阶段

在幼儿观察期间，教师可以适时用恰当的方法引导幼儿表现蚕或桑叶的样子。

如图 4-320～图 4-324 是运用餐巾纸制作蚕的方法。

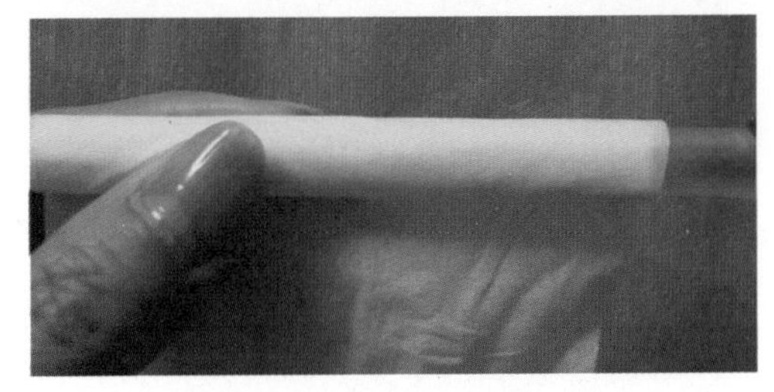

图 4-320 用笔杆卷餐巾纸

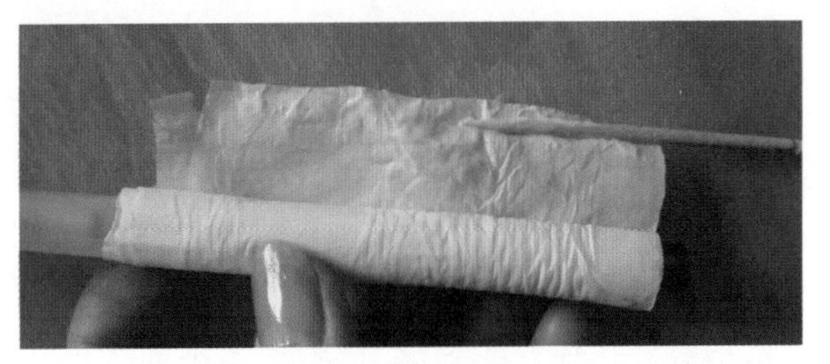

图 4-321 卷好后在纸边涂上乳胶并粘牢

图 4-322 用双手大拇指和食指将纸向内推

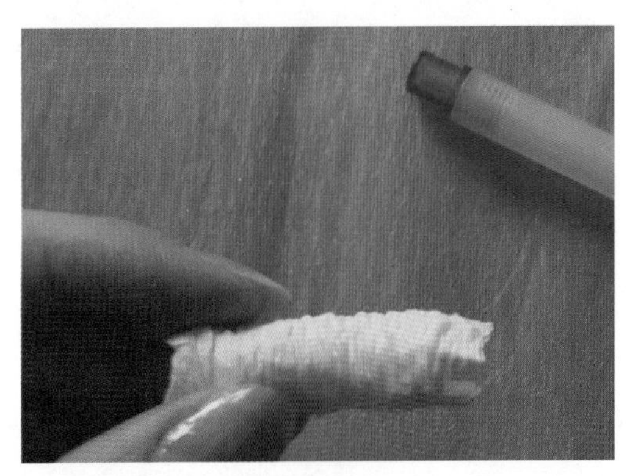

图 4-323 推好后将纸卷从笔杆上退下

图 4-324 成品蚕宝宝

（四）展示阶段

幼儿园的每项活动都应该有展示的环节。教育活动（特别是艺术教育活动）的阶段性展示，不仅可以丰富环境装饰的内容和形式，更能一目了然地了解教育进度、内容和幼儿发展情况，最重要的是体现幼儿参与环境创设的实质意义。

展示的方式方法是以活动过程中幼儿的记录和艺术表现形式为依据，可以用画展、照片展、“连环画书”展、“博物馆”等多种形式展示。

线状材料的艺术表达和应用

在手工艺术教育实践过程中，巧妙运用不同材质的线材料，为手工艺术表现增添许多新的尝试和新的内容。在理解艺术、艺术表现、艺术形式和审美与造型方面，提供更多的途径和创作元素。

任务一　描述不同视角中的线状材料

古老的哲学中，将艺术造型元素点线面与世生万物联系在一起。如毕达哥拉斯派言曰：点生线，线生面，面生万物。哲学对点、线、面的理解为世人深刻理解三个造型元素提供了更广泛的思考空间。

一、数学领域中的线

线是点运动的轨迹，又是面运动的起点。在数学中，线具有位置和长度特性。数学中线的形态多见直线、射线、线段、平行线、垂线、斜线等“男性特征”的呆板规矩的线。有人把以上数学概念中的线统称为直线，并引用《辞海》中直线的概念，将其规范为：“一点在平面上或空间上或空间中沿一定(含反向)方向运动，所形成的轨迹是直线。通过两点只能引出一条直线。”而这个定义也确实符合数学中对线的理解和描述。然而在形态学及美术学中，线还有更多的含义。

二、视觉中的线

在视觉艺术中，线不仅是点的轨迹，还有直线和曲线的区别，以及宽度、形状、色彩、肌理等特质。它决定面的边缘形态，是既独立又有丰富外形的特殊造型元素。它与点和面形成不可逆转的紧密关系，它既决定点的轨迹走向和面的外形，又被点和面制约着，但与点和面比较，线显得更能决定形象的风格和特性。

线有极强的方向性，它的方向因粗细、虚实、长短、曲直、光涩等状态的变化产生不同的视觉效果，形成不同的形式和风格。在画家克利的视野中，线有积极、消极和中性线之区别，他认为：积极的线自由自在，无论有没有目的，都会不断移动；当线的运动形成了完整的图形，这条线便会由积极的线转化为中性的线；当人们在那个图形里涂上了颜色时，线就彻底变成消极的线，因为，此时色彩因吸引了人的眼球变得积极起来，而线因被视觉忽略显得颓废而无力。

在古老的东方艺术中，线表现出极强的造型能力。如中国画中的“十八描(高古游丝描、琴弦描、铁线描、行云流水描、蚂蝗描、钉头鼠尾描、混描、撅头丁描、曹衣描、折芦描、橄榄描、枣核描、柳叶描、竹叶描、战笔水纹描、减笔描、柴笔描、蚯蚓描)”就能说明线的丰富表现力。线还能在结构、节奏、韵律等方面发挥巨大的作用。如书法、舞蹈、建筑及其他艺术中，都彰显出线的极大魅力，如图 5-1～图 5-5 所示。

图 5-1 艺术体操中的线

图 5-2 舞蹈中的线

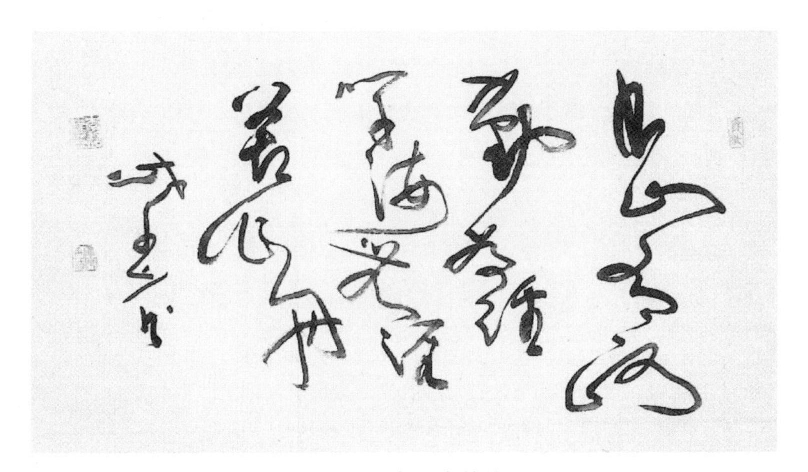

图 5-3 书法中的线

图 5-4 建筑中的线

图 5-5 武术中的线

视觉最先感受到的是色彩之美，但在建筑、武术、舞蹈、艺术体操及书法作品中，是通过对“线、线的韵律”等美的元素感受到美的。在那些艺术中，直线与曲线的曼妙变化和完美的结合，呈现出无数视觉盛宴。正像威廉·贺加斯在《美的分析》中描述的那样：直线只是长度有所不同，因而最少装饰性。直线与曲线结合，成为复合的线条，比单纯的曲线更多样，因而也更有装饰性。波纹线就是由两种对立的曲线组成，变化更多，所以更有装饰性，更为悦目，因此称为“美的线条”。蛇形线，由于能同时以不同的方式起伏和迂回，会以令人愉快的方式使人的注意力随着它的连续变化而移动，因此被称为“优雅的线条”。

因此，人们对线应该有更多的了解和感受，才可能自由的运用线，准确地传达思想。

三、文字语言中的线

在文学艺术中，聪明的学者用美妙的语言，勾画着有形的世界，而这些形都与线有着不可分割的关系。如唐代诗人贺知章在诗中写道：“碧玉妆成一树高，万条垂下绿丝绦。不知细叶谁裁出，二月春风似剪刀。”诗人将柳叶描绘为“绿丝绦”，用象征、比喻等手法形象地勾勒出万条细线。

再如白居易的诗：“飘然转旋回雪轻，嫣然纵送游龙惊。小垂手后柳无力，斜曳裾时云欲生。烟蛾敛略不胜态，风袖低昂如有情。上元点鬟招萼绿，王母挥袂别飞琼。”从诗的描述中可以感受到舞者辗转腾挪、抑扬顿挫、骤急舒缓、棉柔钢铿的流线性的婀娜舞姿，可以感受到旋律与舞者交融在一起的场景，就像威廉·贺加斯在《美的分析》中描述的交织在一起的美的和优雅的线条，令人回味无穷。

任务二　掌握线状材料的特性与分类

在幼儿园见到的线材料多数为纸线、毛根和少量的绳。孩子使用最多的是纸线，用纸线进行的常规艺术活动多为纸线粘贴。我们所了解到的这些现存的具体情况，只是所有线的艺术表现形式中的一种，但更多的人局限在有限的形式里，对线材料更多的艺术形式没有视觉经验和操作经验，在这一节中，我们从视觉上开阔视野，从思路上进行引导。

成型的线状材料很多，可以为幼儿的创造实践提供更多的可能性。如果我们没有为幼儿提供这些材料，实际上剥夺了幼儿用多种语言创造性表达自我的权利。有些教师可能考虑到幼儿的安全问题，会排除一些可用材料。如果我们在选择材料时细心审视，仔细分辨哪些是通过常规培养幼儿可以应用的材料，哪些是幼儿绝对不能使用的材料，就不会有安全问题。

关于材料的分类，可以根据不同标准。在这里，我们根据线的状态分类。

一、自然状态的线

自然状态的线指没有经过任何加工的线状材料或物质实体。如冬天墙上布满线状的藤蔓；树枝、草棍儿、秸秆、毛发、玉米须、葱根等都是自然状态的线。如图 5-6～图 5-14 所示。

图 5-6　树枝

图 5-7　长豆角

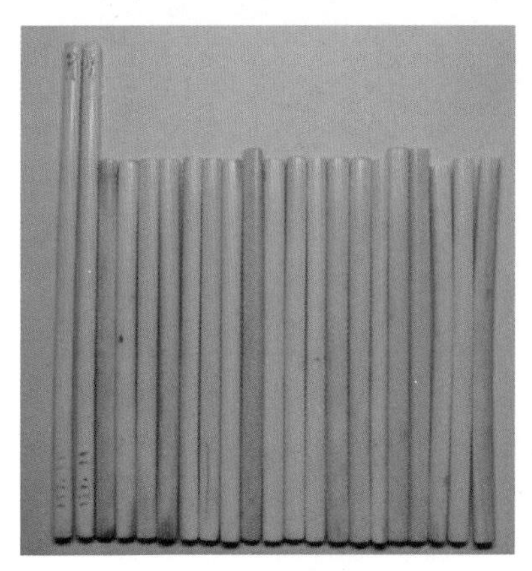

图 5-8　高粱秆

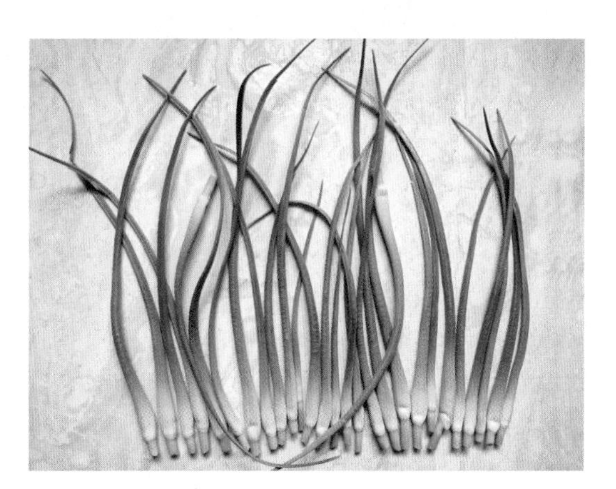

图 5-9　蒜苗

图 5-10　压扁成垛的麦秸秆

图 5-11 精选加工后的麦秸秆

图 5-12 植物藤

图 5-13 树枝

图 5-14 线状草叶

引导儿童在自然界中寻找线状物质或寻找物象自身结构中丰富的线(图 5-10～图 5-15)，是引导孩子学会关注身边事物、增加观察能力的好办法。每所幼儿园手工操作区域中都提供相应的手工材料，利用这些材料引导幼儿学会观察，需要教师在提供材料前具有丰富的经验和良好的教育意识。如果看到区域角提供整齐的小型材料盒，盒中的线状材料外形统一，材质一致，那么可以确定：教师没能很好地利用区域材料，为幼儿带来丰富的视觉刺激，因此产生创造火花和灵感是不太可能的，那么艺术实践区域就变成一个简单的复制区，幼儿便失去艺术表现的最佳时机。如图 5-15～图 5-20 所示，现实生活中许多物体都能找到线状元素。

图 5-15 荷叶与莲蓬

图 5-16 斑马

图 5-17 冰花

图 5-18 铁棍和藤蔓

图 5-19 猕猴桃横切面

图 5-20 藤椅

二、制作出的线

人工制作出来的线比比皆是，生活中少不了线状材料的陪伴。但人们对线的认识通常为常见的软线，如毛线、缝衣服的彩线等。实际上细麻绳、粗绳、铁丝、铅丝、铜丝、细软管、吸管、搓成的纸线、剪成的纸线、皮管儿、牙签、毛根、电线等都是线状材料，如图 5-21～5-30 所示。如果脑海中有如此多的线材料，孩子就不会局限在只用纸线粘贴的活动中。

图 5-21 毛线

图 5-22 缝衣线

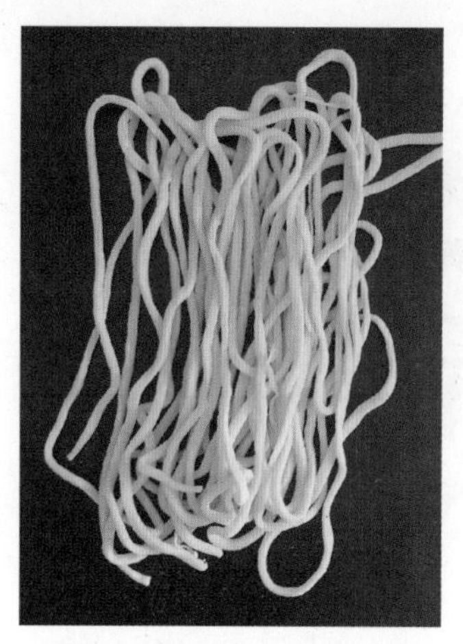

图 5-23　面条

图 5-24　吸管

图 5-25　软管

图 5-26　毛根

图 5-27　纸线

图 5-28　塑料线

图 5-29　铁丝

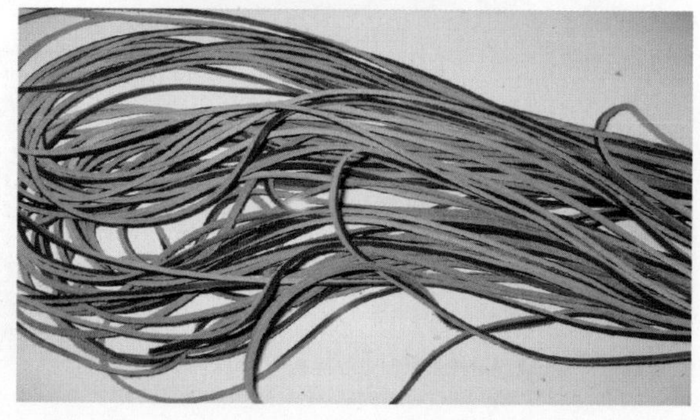

图 5-30　皮绳

三、相对存在的线

如果你理解了相对的点状材料，就能够准确地理解相对存在的线状材料。人们喜欢把长城比作一条蜿蜒的巨龙，这个比喻是视觉空间范围内相对的概念，如果在飞机上观望长城，它就是一条线。

我们抛开线状物质给视觉的灵感，从另一个角度进一步思考“线”的含义，你会发现，很多线与你的心境有密切的关系，它们令你欢喜令你愁。如心电图上的线、蓝色天空上飘动的彩色烟线、书法艺术中笔墨留下的线、舞台上舞者留下的优美视觉线、音乐在耳畔留下的旋律线、夕阳中山间屋顶烟囱飘出的屡屡烟线、云层中射出的光线、雨后的彩虹线、大雪后清晰的车辙线、水面上荡起的波线、彗星划过夜空留下的线……如图 5-31～图 5-45 所示。这些相对存在的线虽然不是纯粹的物质实体，但它们能给艺术表现带来灵感，是创作思路的源泉，如果你仔细观察、用心感受，这些都将是启发孩子寻找艺术情感的宝库。

图 5-31 俯瞰长城留下的线

图 5-32 俯视大地的线

图 5-33 远观楼房的线

图 5-34 交替的折线

图 5-35 钢架

图 5-36　彩虹的弧线

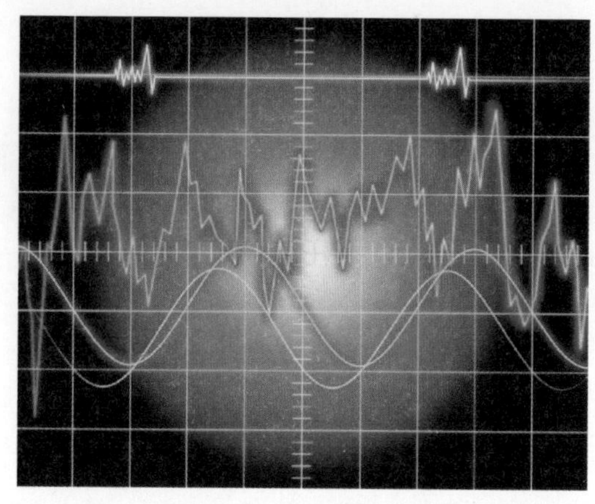
图 5-37　心电图的折线

图 5-38　交替的装饰线

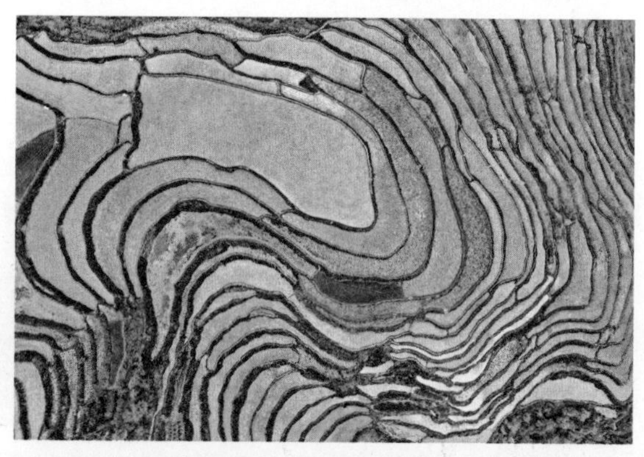
图 5-39　俯视田野的线

图 5-40　灯光与树枝

图 5-41　旋转高楼的层线

图 5-42　俯瞰河流形成的曲线

图 5-43　耸立的高楼　直线

图 5-44　风蚀后的沙漠上的线

图 5-45　长江三角洲被江水侵蚀形成的线

引导幼儿感受自然中、生活中的线，不仅对幼儿审美能力的提高有促进作用，而且可以帮助幼儿树立爱自然、爱社会的人生观和价值观。对启发幼儿的艺术灵感，探索不同艺术表现形式和表现力有绝对的促进作用。如图 5-46～图 5-49 所示四幅图片，你能分析出照片和艺术作品之间的关联吗？

图 5-46　夕阳树剪影照片

图 5-47　树剪影刻纸

图 5-48　俯视三角洲照片

图 5-49　抽象作品

棉线的运用

任务三　掌握线状材料的应用技巧

根据线的材质、形态、肌理、颜色等不同，可以巧妙地运用线进行艺术表现。还可以按照美学原理，运用线的曲直、方向等表现规律与变化，使其产生丰富的视觉影像。

一、线的平面式艺术表现

用线表现平面艺术，多以装饰为主。如装饰画（图 5-50～图 5-71）、与其他物体结合（图 5-72～图 5-77），进行异形装饰等。异形粘贴是借其他形来进行平面化装饰。

图 5-50　线装饰作品一

图 5-51　线装饰作品二

图 5-52　线装饰作品三

图 5-53　线装饰作品四

图 5-54 线装饰作品五

图 5-55 线装饰作品六

图 5-56 绕线画一

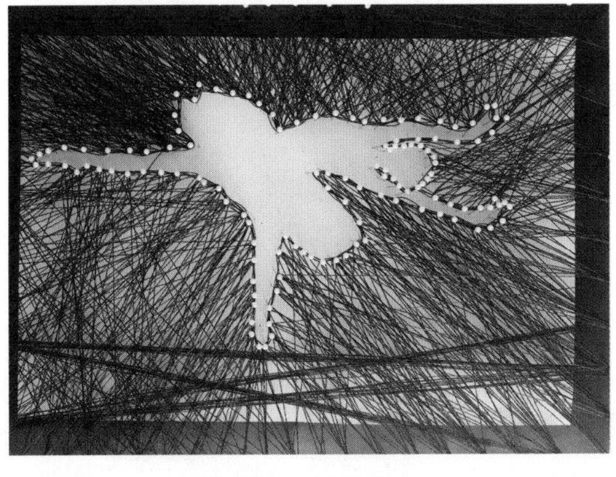

图 5-57 绕线画二

图 5-58 绕线画三

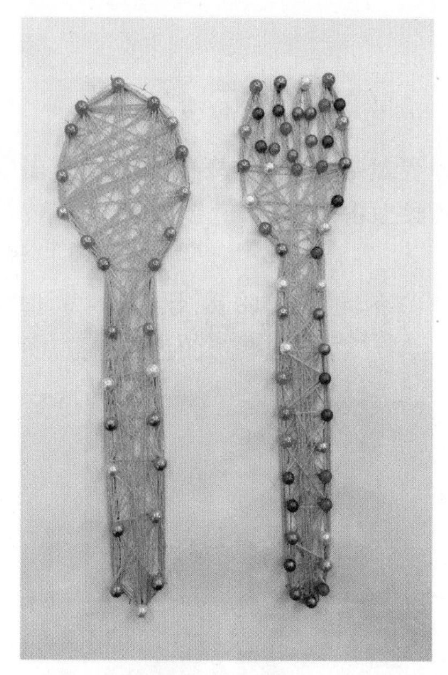

图 5-59　绕线画四

图 5-60　缝线画

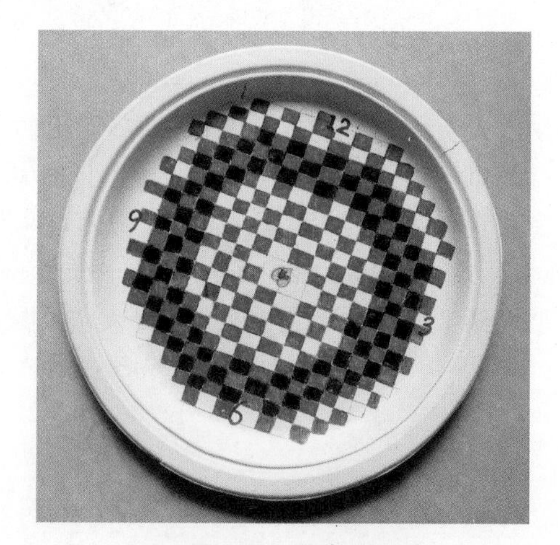

图 5-61　线条编

图 5-62　纸线粘贴

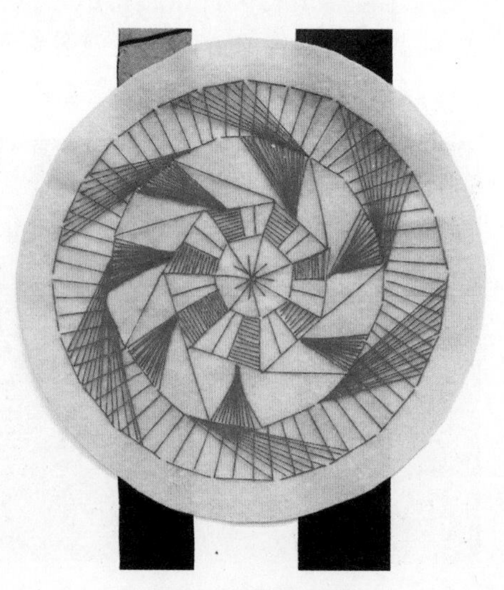

图 5-63　缝线作品

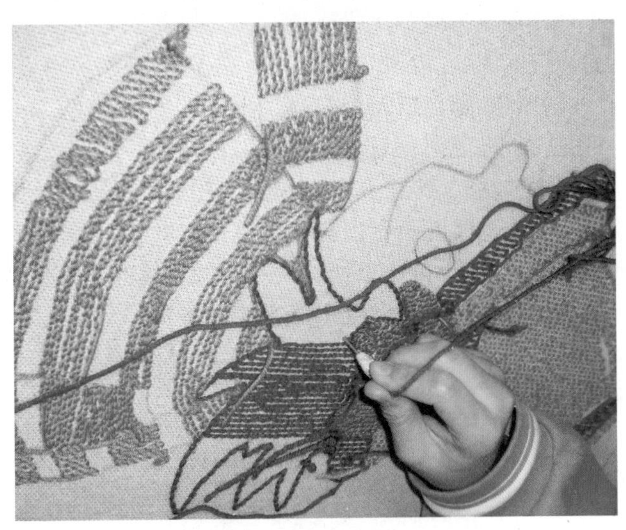

图 5-64　毛线装饰画一

图 5-65　毛线装饰画二

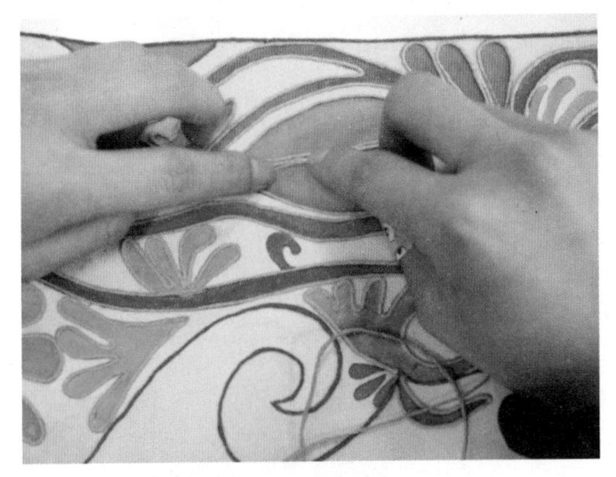

图 5-66　纸线与画结合一

图 5-67　纸线与画结合二

图 5-68　线绳与毛线

图 5-69　毛线装饰画三

泥线的运用

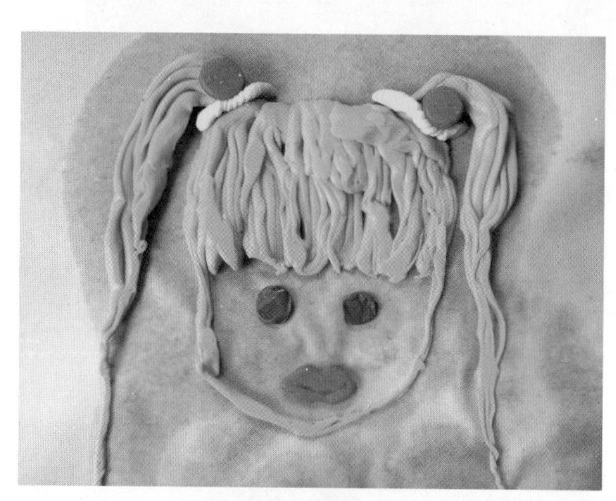

图 5-70　泥线粘贴一

图 5-71　泥线粘贴二

图 5-72　甜蜜

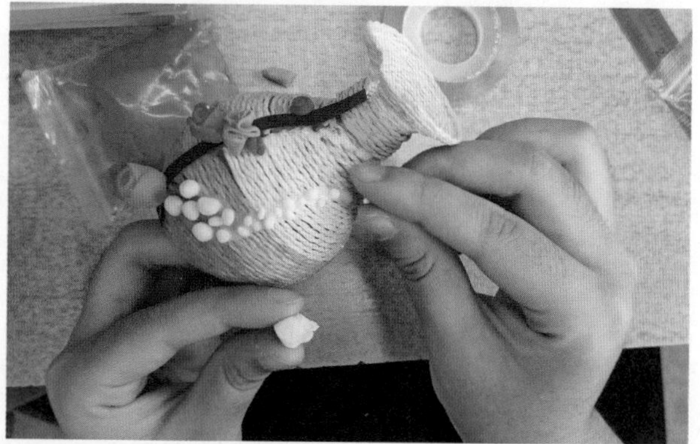

图 5-73　拓纸瓶线粘贴

图 5-74　用纸线拓气球

图 5-75　纸线装饰一

图 5-76　纸线装饰二

图 5-77　毛线装饰

二、线的浮雕式艺术表现

实物线与绘画中的线有区别。实物是有粗细和质感的，根据粘贴的方法不同，呈现的作品一部分属于平面作品。如纸条平粘属于平面作品，而纸条立着粘呈现的是浮雕作品。

纸线立着粘贴是个了不起的创意，这种对纸线不一般的用法还有个好听的名字，叫衍纸艺术。这种艺术源于古埃及，16、17 世纪被法国和意大利修女掌握，用于装饰圣物盒和神画。衍纸艺术新奇的视觉效果，吸引了斯图亚特王朝和乔治王时代的贵妇们，她们用此手工艺技巧打发多余的时光，之后衍纸艺术传入北美洲……

衍纸的基本形态：衍纸中所有的形态都以圆形卷纸为基本形，水滴形、心形、月牙形、三角形、五角形、S 形等都是在圆形基础上获得的。衍纸艺术制作过程及作品如图 5-78～图 5-98 所示。

图 5-78　衍纸工具

图 5-79　基本形

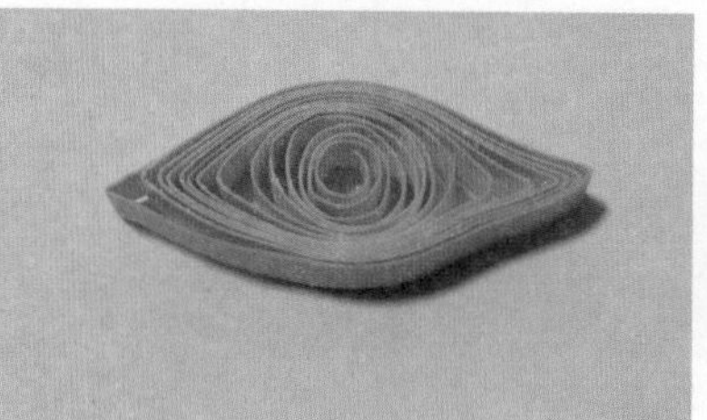

心形　猫眼形　水滴形　圆形

图 5-80　不同形状的线浮雕

图 5-81　圆形中心向外推

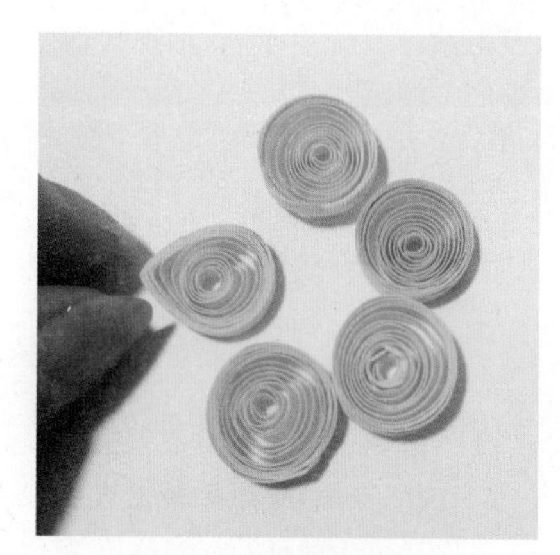

图 5-82　多瓣花步骤一

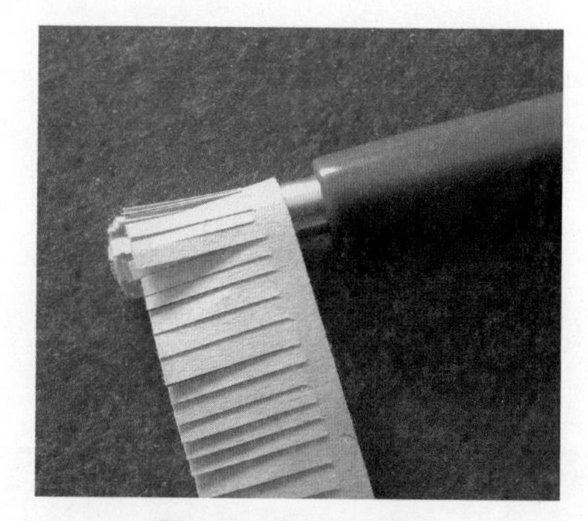

图 5-83　多瓣花步骤二

图 5-84　多瓣花步骤三

图 5-85　多瓣花作品

图 5-86　花作品一

图 5-87　花作品二

图 5-88　基本形作品

图 5-89　创意作品一

图 5-90　创意作品二

图 5-91　创意作品三

图 5-92　创意作品四

图 5-93　创意作品五

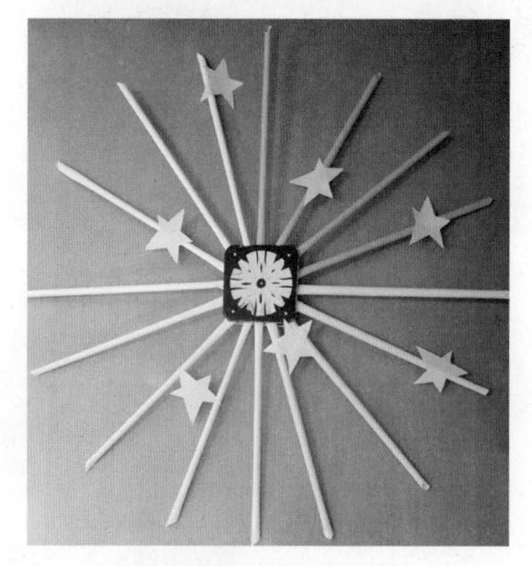

图 5-94　创意作品六

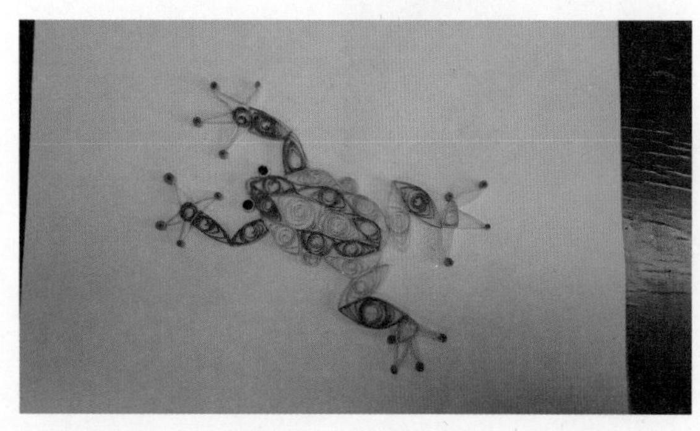

图 5-95　创意作品七

图 5-96　创意作品八

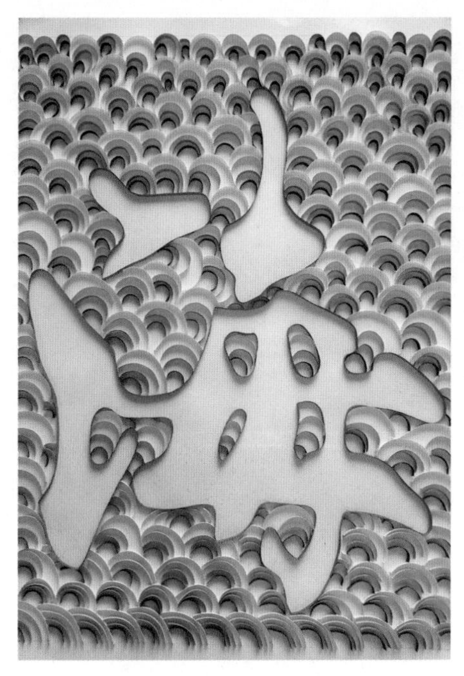
图 5-97　创意作品九

图 5-98　创意作品十

以上图中每幅作品都有不同的表现意图，通过观察、对比和分析，思考每幅图的创意点或表现的重点是什么。

三、线的立体式艺术表现

用实物线表现三维立体空间有一定的技巧，一般的思路是：硬线可以通过构成性建构，创造形式感很强的艺术作品。对于幼儿而言，这样的艺术建构与益智区的建构既有相同之处，又有不同之处。相同之处是：都通过建构体现意图。不同之处是：艺术建构更具美观性和创意性。而软线可以通过卷、编、推、盘、粘贴等技巧，使其更具表现力。线立体创意作品如图 5-99～图 5-113 所示。

图 5-99　线立体创意一

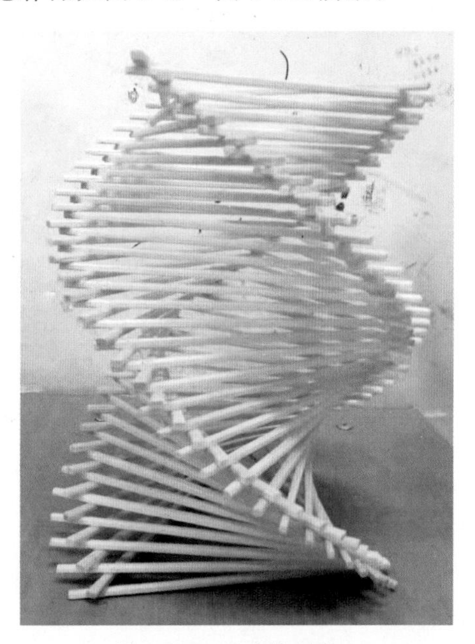
图 5-100　线立体创意二

图 5-101　线立体创意三

图 5-102　线立体创意四

图 5-103　线立体创意五

图 5-104　线立体创意六

图 5-105　线立体创意七

图 5-106 线立体创意八

图 5-107 线立体创意九

图 5-108 线立体创意十

图 5-109 线立体创意十一

图 5-110 线立体创意十二

图 5-111 线立体创意十三

图 5-112 线立体创意十四

图 5-113 线立体创意十五

仔细观察、对比、分析图例，思考以上每幅作品的创意点在哪里。

任务四　掌握线状材料在幼儿园的应用

优质幼儿园手工艺术教育活动要无痕迹地与各相关学科融合，行云流水般地穿越于相关学科之间。不仅能让孩子们在知识的海洋里畅游，更能通过教育机智将认知获得用艺术的形式表现出来。下面以蜘蛛主题为例介绍如何将其他知识与手工艺术活动相结合。

一、相关知识的融合

世界上蜘蛛的种类繁多，有四万多种，因为它们适应性很强，因此分布非常广。它们能生活在地表、土中、树上、草间、石下、洞穴、水边、低洼地、灌木丛、苔藓中、房屋内外，或栖息在淡水中（如水蛛），海岸湖泊带（如湖蛛）。总之，水、陆、空都能找到蜘蛛的踪迹。

虽然蜘蛛的种类繁多，但生物学家将这些蜘蛛大致分为：游猎蜘蛛、结网蜘蛛及洞穴蜘蛛三种。根据蜘蛛的生活习性，它是个让人既恨又爱的动物，因为有些蜘蛛对人类有益，有些蜘蛛对人类有害，但就其贡献而言，对人类有益的蜘蛛较多。比如喜欢生活在田间的蜘蛛，主要捕食农作物的害虫；还有很多可以入药，主治脱肛、疮肿、腋臭等症。

毒蜘蛛会对人类的安全产生威胁，部分蜘蛛也会危害农作物。腹部呈红色的蜘蛛就是毒蜘蛛。真正的毒蜘蛛数量尚无确切统计。世界上毒性较强的蜘蛛有球腹蛛科的地中海黑寡妇蜘蛛、甲蛛科的褐平甲蛛、天疣蛛科的澳大利亚漏斗蛛、栉足蛛科的黑腹栉足蛛、捕鸟蛛科的澳大利亚捕鸟蛛等，如图 5-114～图 5-121 所示。

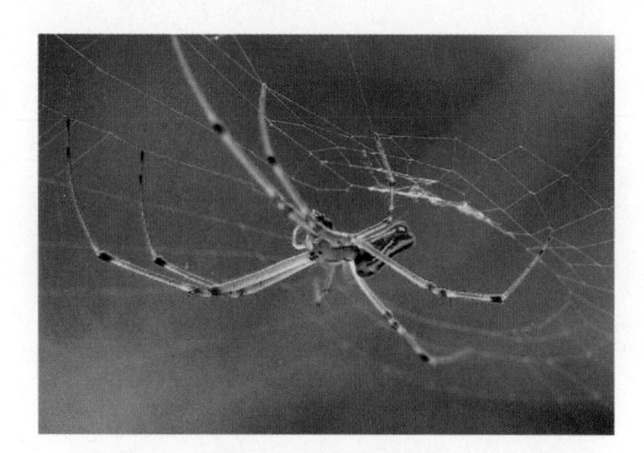

图 5-114　高脚蛛

图 5-115　园蛛

图 5-116　捕鸟蛛

图 5-117　蝇虎跳蛛

图 5-118 人面蜘蛛

图 5-119 狼蛛

图 5-120 黑寡妇蜘蛛

图 5-121 蟹蛛

无论是手工艺术再现还是创作，前提都需要形象素材和相关知识为基础。而自然界及生物科学知识与幼儿的求知欲和兴趣有密切关系，教师如果能为幼儿了解蜘蛛提供大量的图片、视频、影像等，不仅可以丰富教学手段，更能潜移默化地培养幼儿了解和探索自然的兴趣和爱好，丰富相关知识，从根本上促进幼儿的全面发展。

二、知识与艺术表现的融合

案例：在一位朋友家里，偶遇朋友邻居家五岁多的男孩，当时大人们在逗孩子们玩儿，朋友摸着邻居小男孩的头说："你看，他长得像小老虎似的，知道很多老虎的事情呢。"由于专业所致，我很快和那个孩子攀谈起来："你知道很多老虎的事情吗？我也知道一些，咱们看谁知道得更多，你先说说你了解的老虎。"这下，孩子的问题像连珠炮似的："你知道老虎有多少种吗？你知道它们都生活在哪儿吗？你知道老虎是什么科的吗？你知道咱们国家的老虎都有什么种类的吗？你知道老虎有白色的吗？白色的虎叫什么、生活在哪里……"

这就是五岁孩子提出诸多问题中的一部分，而他提出的问题在他的头脑里都有答案，关键是他还能画这些老虎，这让我很震惊。我们不去追究他是如何获得这些知识的，单从艺术表现的角度讲：知识绝对可以丰富和促进幼儿的艺术表现才能。因此，幼儿教师或幼儿教育研究者必须思考：什么样的教育能够真正促进幼儿的发展？

尝试以蜘蛛主题为例，在主题延展的过程中不断用各种形式丰富主题活动，适时科学地引导幼儿在手工实践活动中建立知识和影像的关系，适当给予技巧引导，用不同形式、不同材料创意出形形色色的蜘蛛，如图 5-122～图 5-131 所示。

图 5-122　蜘蛛

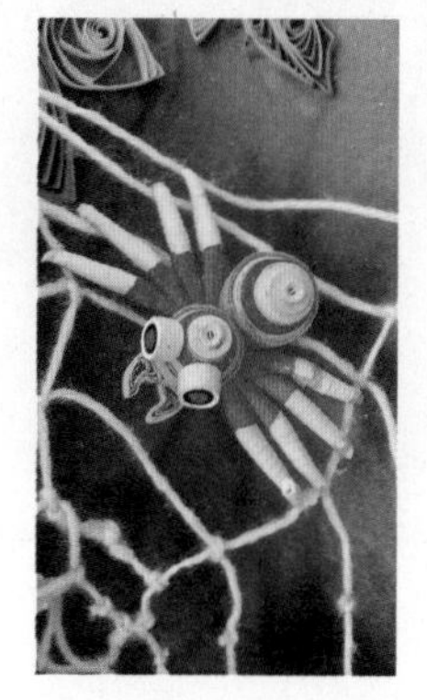

图 5-123　衍纸蜘蛛

图 5-124　毛根蜘蛛

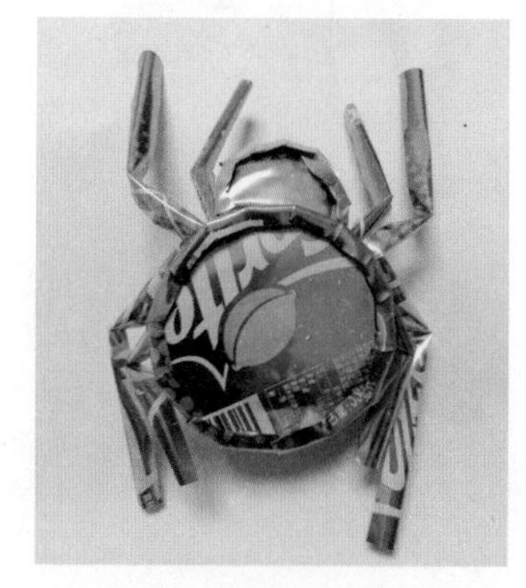

图 5-125　易拉罐制作的蜘蛛

图 5-126　土豆制作的蜘蛛

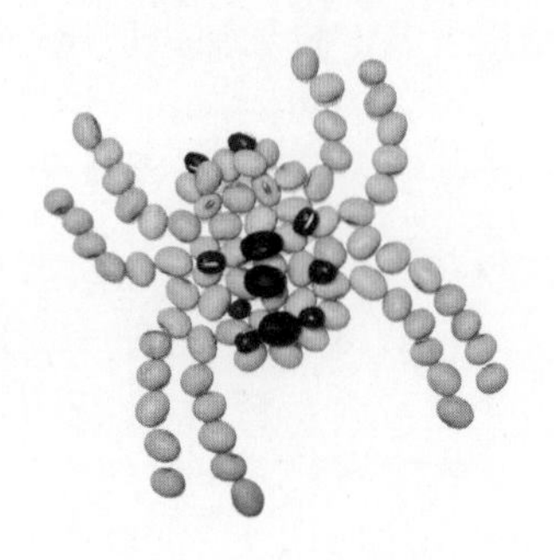

图 5-127　豆子粘贴的蜘蛛

图 5-128　废纸剪贴的蜘蛛

图 5-129　黏土蜘蛛

图 5-130　纸板绕线蜘蛛

图 5-131　锡纸蜘蛛

艺术表现形式探索和材料运用还有更远更宽的路程要走，需要教育者不断丰富自己的知识和视野，为完善优质幼儿手工艺术教育课程内容、为真正有效地促进幼儿的发展而努力。

块状材料的艺术表达和应用

在幼儿园的手工教育活动中，很少用块状材料。一是因为有些块状材料投资大，如各类泥材料；二是幼儿园教师对块状材料的认知和艺术实践经验少；三是因为有些块状材料的使用需要用特殊的工具，如钉子、锤子、刀子等，教师担心安全问题。以上三个原因中，第一个和第三个都可以改变和克服，唯有第二个原因是最关键也是最难克服的。

任务一　描述不同视角中的块状材料

块状材料和其他材料的区别在于材料本身具有明显的体积感和三维空间占位，如砖块、石头块等。

一、物理属性中的块状材料

从块状材料的物质属性去认识和理解它，首先要知道物质的物理属性包括什么。物质不需要经过化学变化就表现出来的性质，如状态、硬度、密度、比热容、透明度、导电性、导热性、弹性、磁性、颜色、气味、溶解性、防腐性等都属于物理属性。哪些属性有利于艺术探索的思考呢？哪些物理属性可以抛开不用触及呢？通过块状材料的物理属性又能开发出哪些材料，使之应用于艺术探索和实践呢？这就需要幼儿教师的教育机智，如颜色、气味、形态等，都可以利用人们的眼、耳、鼻、舌、身等感官感知。而熔点、沸点、硬度、导电性、导热性、延展性等属性，可以利用仪器或小实验测知。因此，教师可以将科学知识和科学小实验与艺术探索结合，不仅丰富幼儿的感官感受，还可以用各种手段丰富幼儿的认知，再通过幼儿获得的对物质的感知认知经验，将块状物质应用于艺术实践。

二、视觉中的块状材料

可用可视的块状材料很多，它们在参与艺术实践者的眼中，都有激起艺术创作的灵感。如新疆阜康市民间石刻艺术家邹井人，在他的眼中，每块石头的天然造型、天然纹路和石纹图案都会引起创作者的联想，将自己的创意用石头画的形式表现出来。感到有一种无声的语言，告诉欣赏者慢慢去感受、去领会其中的美和意境，显现出石头和人之间的灵气，如图 6-1和图 6-2 所示。

再如，根雕艺术也是根据天然而演变的艺术门类。有人这样赞根雕：“巧取天工琢树根，依形造像却无痕。海龟摒弃龙宫殿，仙女离开玉帝门。喜鹊栖松呼贵客，雄鹰展翅觅奇珍。山中玛瑙同相会，爱煞前来赏宝人。”诗中点出创造者依据根形的原有状态再创造的艺术思路。

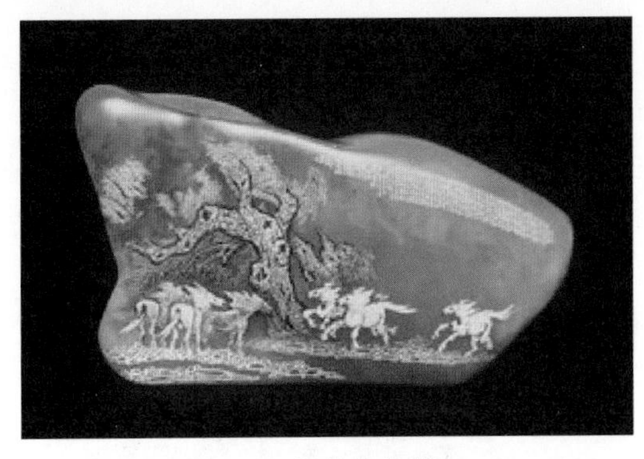

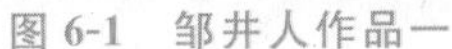

图 6-1　邹井人作品一

图 6-2　邹井人作品二

值得一提的是崖柏根雕。崖柏起源于恐龙时代，历史非常悠久，是我国濒危的柏种之一，产自重庆城口，又名四川侧柏。崖柏有金字塔形树身，树皮有薄鳞片形状和纤维状两种。崖柏因长不大，使得它的根态千奇百怪，且有木节、疤、瘤等各种形状，因此它“稀、奇、古、怪”，极具天然之美。崖柏另一个有艺术视觉效果的是它天生的色泽美，有人将崖柏的颜色视为人的皮肤，天然木质色有淡褐、深褐、褐红，形成了不同的色差，为纯天然艺术增添新奇的颜色变化，因此崖柏根雕具有极高的观赏价值和收藏价值，如图 6-3 和图 6-4所示。

图 6-3　崖柏根雕一

图 6-4　崖柏根雕二

另外，泥塑、面塑等艺术（图 6-5 和图 6-6），不仅为了解民间手工艺的历史和传承，还为学前手工艺术教育提供可汲取的源泉，从这些艺术中，可以从艺术家的视角，审视块状材料的天然之美，并尝试将块状材料的天然形态、颜色、肌理等元素与艺术创作灵感结合，尝试表现独特风格的作品。

图 6-5　泥塑

图 6-6　面塑

三、文字语言中的块状材料

以石头为例，从古至今有很多描写石头的语言。石头是自然界赐予人类的神物，有人形容水晶石（图6-7）：澄澈的肌体，旷世的精灵，蕴含天地之灵气，流泻宇宙之雄浑。韦应物曾写诗赞水晶：映物随颜色，含空无表里。持来向明月，的烁愁成水。

鹅卵石（图6-8）有各式各样的形状，有心形、有的像鸟蛋、有的像宝石。鹅卵石颜色繁多，有紫褐色的、深灰色的、浅黄色的、有条纹的，还有红色的。

图6-7　水晶石

图6-8　鹅卵石

很多文人骚客都写过关于石头的诗，这些诗都是浏览祖国山河，观石后的真实感受。大诗人白居易曾写过关于石头的诗——《双石》。“双石苍然两片石，厥状怪且丑。俗用无所堪，时人嫌不取。结从胚浑始，得自洞庭口。万古遗水滨，一朝入吾手。担舁来郡内，洗刷去泥垢。孔黑烟痕深，罅青苔色厚。老蛟蟠作足，古剑插为首。忽疑天上落，不似人间有。一可支吾琴，一可贮吾酒。峭绝高数尺，坳泓容一斗。五弦倚其左，一杯置其右。洼樽酌未空，玉山颓已久。人皆有所好，物各求其偶。渐恐少年场，不容垂白叟。回头问双石，能伴老夫否。石虽不能言，许我为三友。”

任务二　掌握块状材料的分类

在瑞吉欧的教育理念中，主张以多种材料为基础，努力使儿童用多种语言表达个体认知，用多种语言与成人、与社会、与周围环境进行交流，以此获得完整的感觉经验。人们在瑞吉欧的幼儿园中，不仅能够看到各式画笔、各种不同颜色、不同尺寸的画纸，更能看到黏土、木头、纸板、电线、玻璃、贝壳、树叶等操作材料……瑞吉欧的教育者认为儿童有能力、有权利通过各种材料表达自己的思想和情感，他们会用大量的时间和精力了解、关注儿童已经学会了什么。这一点与我们的儿童教育完全不同，我们的教育关注的是儿童不会做什么，不能做什么，从某种角度讲，我们的教育者不够相信儿童的能力，过多的“呵护”实际上会无意识地剥夺儿童应有的权利。因此，教育者要获得更多材料的认知经验和教育技能，以便更好地服务于教育。

块状材料最大的特征是材料本身呈现的三维体积感。而点、线、面状材料需要一定的技巧支持方能体现出与块状材料一致的视觉体。这一点使块状材料具有特殊的视觉冲击力。

一、泥材料

在幼儿园的手工材料中，常见的泥材料是彩色橡皮泥，个别园所教师会为孩子提供自制纸浆泥。

重视手工区域活动或有陶塑手工特色的幼儿园可能在创意坊里提供陶泥。而纸黏土、雕塑泥、面泥、软陶泥、创意泥等在幼儿园很少见到，如图 6-9～图 6-12 所示。

由于缺少对不同泥材料的认知经验，多数幼儿教师认为：只要是泥都有可塑性，用法大同小异，没什么区别。实际上，不同泥的质地、性能、用法是有区别的，只有对各种泥材有丰富感知的艺术实践经验，才能使泥材的价值充分体现出来。例如，雕塑泥比较硬，如果给小班甚至中班的孩子用，会直接决定儿童创作的欲望和能力表达。再例如，软陶的泥质细腻，适合较精细的作品创作，如果有一定泥材料操作经验的幼儿使用，会创作出精细且更有欣赏价值的作品。陶泥古朴素雅，量足块大，适合鼓励孩子尝试粗犷夸张的艺术作品的创作等。

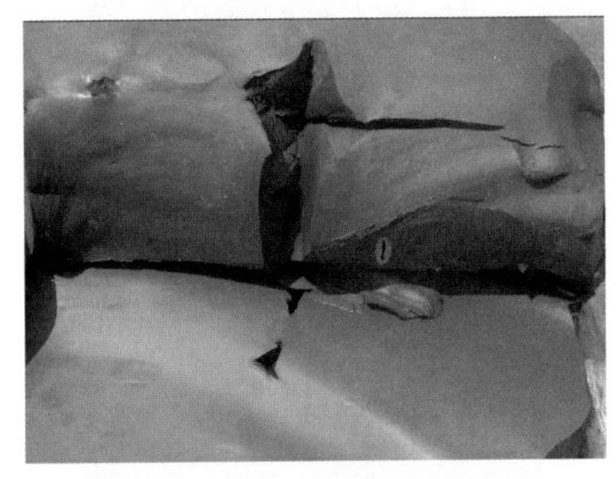

图 6-9　雕塑泥

图 6-10　纸浆泥

图 6-11　软陶泥

图 6-12　培乐多

二、木材料

幼儿园很少使用木材料作为儿童创意表现的材料。首先，木材料属于不易造型的材料，要改变材料的形态需要刨子、锤子、钉子等特殊工具才可以实现。其次，木块的使用需要儿童有较好的空间视觉感。相对来讲，木材料的面积和体积比其他常见材料更具体积感，因此造型时需要操作者有更好的空间感。再次，木质工具材料的收集摆放需要单独的活动室，不适合放在活动室内的某个区域。如果既想让孩子尝试探索木质材料，又不想设立专门的教室存放木工特有的工具，可以请人提前将树枝裁成小段、锯成小片、刨成刨花、削成木屑，分别放在不同的盒子中，儿童便可以方便地对其探索，如图 6-13 和图 6-14 所示。

图 6-13　木片材料

图 6-14　木棍儿材料

三、蔬菜水果材料

餐饮业中高超的水果雕、蔬菜雕、面点雕塑使我们对常见的吃材有了更多的认知，也给我们的艺术活动带来更多的灵感，我们用蔬菜水果不一定能制作栩栩如生的艺术品，但我们可以用众多的吃材体味探索的过程，以此获得更多的知识经验。

四、石头材料

在幼儿园的材料收集中，我们能够见到石头的影子。每块石头都有固定的形状，它不像泥、水果蔬菜等块状材料那样，可以随创意改变形态。我们对石头的创意多数情况下要根据石头的形状而定，因此对石头的创意不仅要求创造者有更强的思考能力和解决问题的逻辑能力，而且要求创造者有更强的三维造型能力。

儿童的能力是否能够驾驭石头材料呢？要看教师如何引导，如果用一块石头为创作主体，再用其他形态的材料与之结合，儿童便能轻而易举地完成创作。

在儿童艺术活动过程中，块状材料远不止列举的几种，如砖块（图 6-15）、瓦块（图 6-16）、金属材料等，都可以运用。

图 6-15　砖块

图 6-16　瓦块

任务三 掌握块状材料的应用技巧

一、运用泥材料的技巧

探索各种泥材料初期,可以不给幼儿任何指导,让其自由运用所有感官去感知材料的性能,让幼儿自由运用泥材料做各种他们认为有趣的游戏。如揉、搓、按、捏、揪、拧……还可以借助工具剪、擀、戳洞、切等,让幼儿做他们想做的一切。当然,教师要做的是引导幼儿关注泥的软硬、色彩、味道、是否容易造型等特性。

当幼儿了解某种泥的特性并能很好地驾驭它时,教师应在造型方法上对其进行引导,以便幼儿运用这些技巧表达自己的思想和再创造。

(一) 泥工的基本技巧

(1) 揉

用揉的方法可以使泥材料变得柔软,更适合造型(图 6-17)。

(2) 团

团泥是将泥成型的具体方法之一,用团的方法可以将泥团成圆或椭圆形,这两个形状是最基础的形(图 6-18)。在此基础上,用添加法可以制作动物、人物昆虫等形象。还可以做更多的创意。

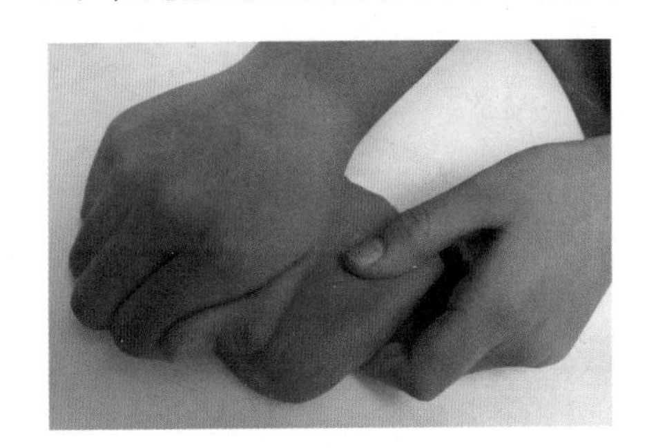

图 6-17 揉

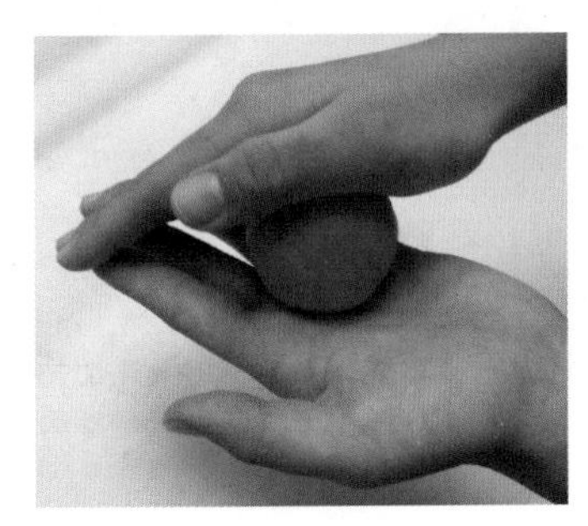

图 6-18 团

(3) 搓

搓主要是将团好的圆形或椭圆形搓成泥条儿,在创造过程中,泥条儿主要用于装饰,使作品产生肌理效果(图 6-19)。

(4) 擀

擀是将泥制作成泥板状,主要用于剪裁形象或做衬底(图 6-20)。如剪裁成花瓣、叶子等片状且有形的形象。

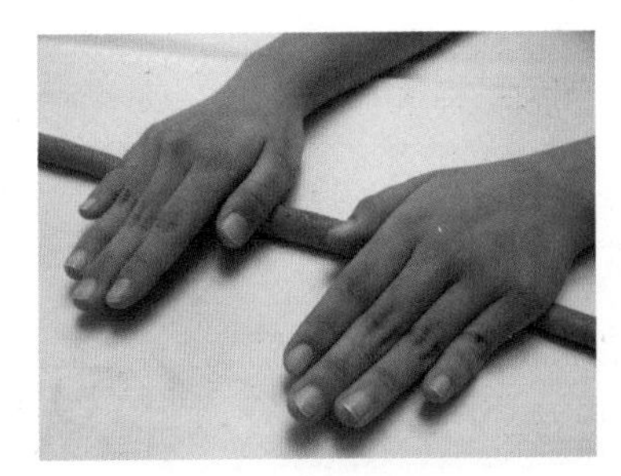

图 6-19 搓

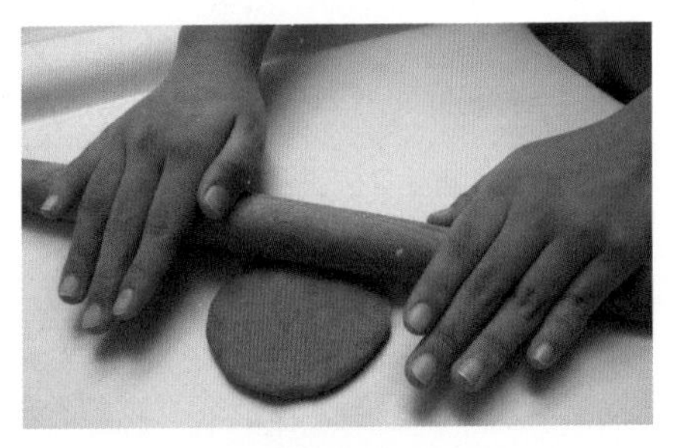

图 6-20 擀

（5）压

压（图 6-21）是将某形状压扁以便造型。如将圆球压成圆片，用来制作浮雕效果的圆形形象。

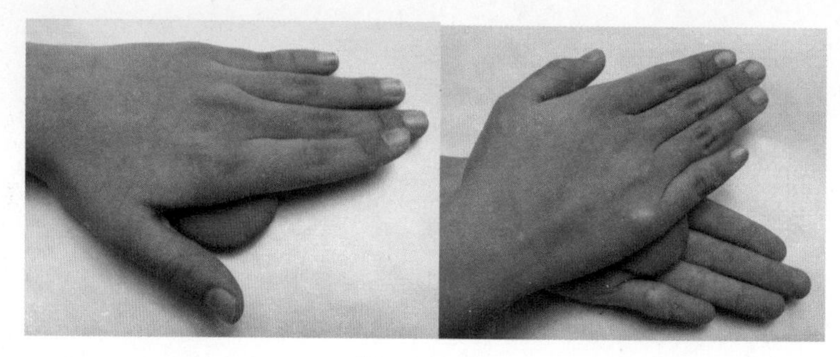

图 6-21　压

（6）捏

捏是大拇指和食指共同协作的精细动作，主要用于细微结构的塑造（图 6-22）。如做完鸭子的身体后，用捏的方法塑造嘴巴。

（7）接

接主要用于形象结构与结构之间的衔接，有些泥材料的衔接需要借助牙签、树棍儿、铁丝等辅助材料，有些需要乳胶等材料的介入（图 6-23）。

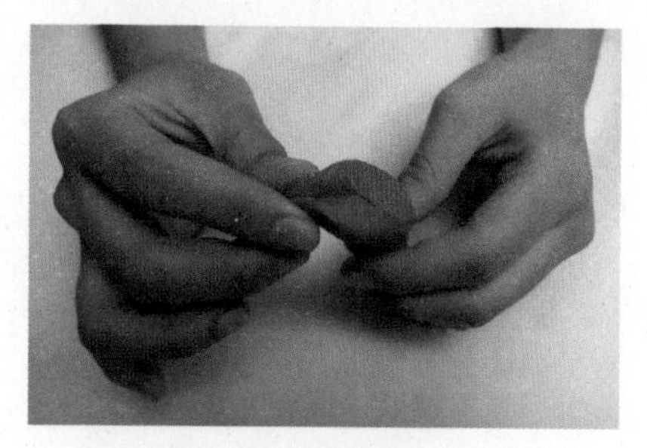

图 6-22　捏

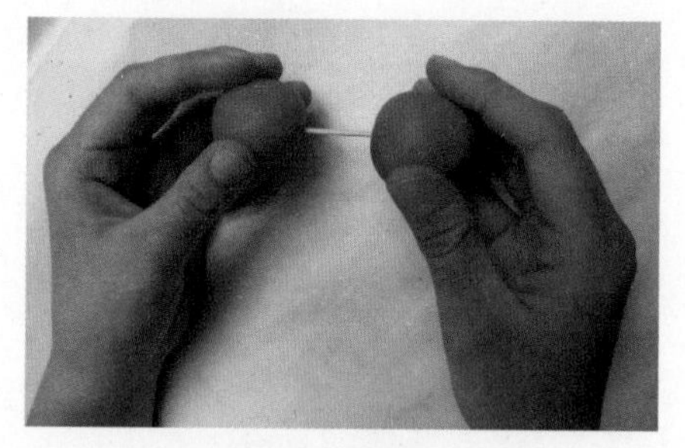

图 6-23　接

（8）编

编是将搓成条状的泥进一步造型的方法，很像民间的荆条编织，用以装饰某形象的表面，也可以专门用编的方法编织形象（图 6-24）。

（9）盘

盘条儿塑形是陶瓷工艺中的方法之一（图 6-25）。一般是在圆形、椭圆形、三角形或任何形状的泥板上盘出立体的壁，使其成为笔筒、罐子等器皿，也可以盘出形象。

图 6-24　编

图 6-25　盘

用泥成型的技巧不止这些，例如，用某些工具在浮雕泥形象上不断地戳，使其有很微妙的肌理效果。

（二）浮雕装饰技巧

泥浮雕是利用各样泥材料，将其塑形并粘贴在一块较硬的板上而呈现的作品。因为泥材料有易塑形的特点，因此，可以利用前面基本塑形方法和技巧，与其他材料结合创意出有个性特征的浮雕作品，如图 6-26～图 6-38 所示。

图 6-26　陶泥浮雕脸一

图 6-27　陶泥浮雕脸二

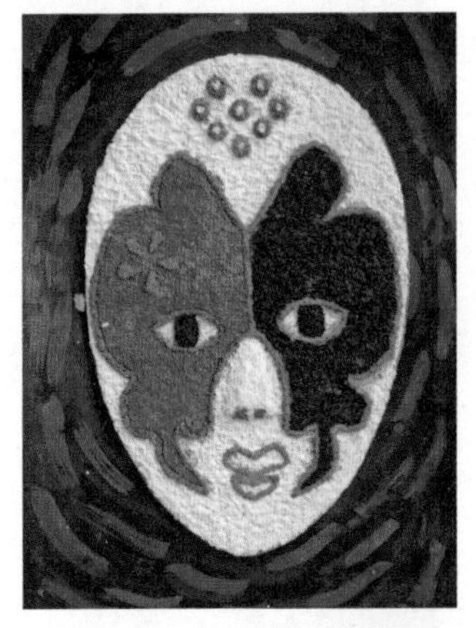

图 6-28　纸浆作品一

图 6-29　纸浆作品二

图 6-30　纸浆作品三

图 6-31　黏土作品一

图 6-32　黏土作品二

图 6-33　软陶作品一

图 6-34　软陶作品二

图 6-35　软陶作品三

图 6-36　软陶作品四

图 6-37　软陶作品五

（三）立体形象制作技巧

泥工立体形象制作(与其他材料结合)主要有以下几种形式。

1. 泥条盘筑法

将泥搓成不同粗细的泥条,按照设计好的样式,将泥条进行盘筑,用泥浆粘接后挤压成型。可以横向盘筑或者纵向盘筑。盘的时候注意手指适当用力,以使泥条之间衔接牢固;盘筑后可以形成有节奏、有韵律，疏密得当的作品。泥条可以经手搓成，也可以通过压泥条工具挤压成型。搓泥条时要把握好泥的可塑性，以免在盘筑形状时开裂，如图 6-39～图 6-42所示。

图 6-38 软陶作品六

图 6-39 圆条横向盘

图 6-40 圆条多方向盘

图 6-41 方条规律盘

图 6-42 方条无规则盘

2. 泥板成型法

将陶土或者泥料经过碾、拍、擀或切割成板状，用来塑造泥工作品的方法，叫作泥板成型法。泥板可宽、可窄、可薄、可厚，还可以将泥板卷曲、切割、粘接，塑造成变化丰富、运用广泛的泥工实用品或者装饰品。变化丰富、自由表达的作品可以用较湿软的泥进行扭曲、层叠、弯卷。挺直的器物可以用较干的泥板进行造型。有人形象地称泥板造型为“黏土木工”。泥板成型如图6-43～图6-46所示。

图6-43 泥板成不同形状

图6-44 泥板条建构

图6-45 泥板卷形搭建

图6-46 泥板仿形

3. 捏塑成型法

顾名思义是用手指捏、塑的技巧呈现作品细节，如图6-47和图6-48所示。

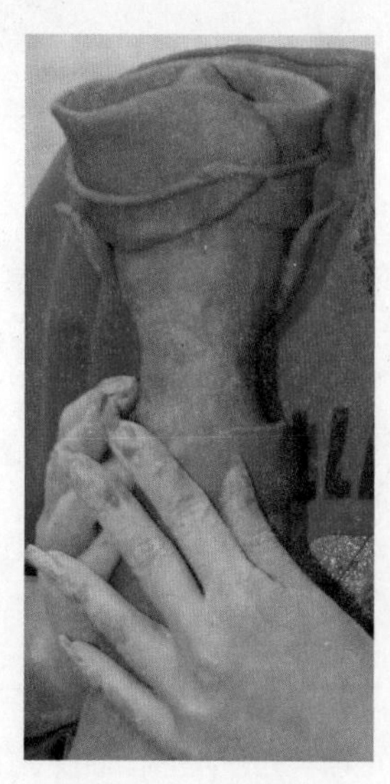

图6-47 捏塑人

图6-48 捏花瓶

4. 雕塑成型法

雕塑成型是先用泥材堆建物象的大致形状和动态特征，然后用相应的雕塑工具和相应技巧塑出形象的细部，如图 6-49 和图 6-50 所示。

图 6-49　静物

图 6-50　雕塑　异形人

5. 拉坯成型法

拉坯成型法指运用拉坯机进行造型。拉坯机有电动和手动两种。取一块加工好的泥团，放置在拉坯机的转盘中心。转动转盘，双手均匀用力压泥团使之平滑，进而根据泥工器物的造型样式进行塑造，工艺过程及作品如图 6-51～图 6-59 所示。

图 6-51　拉坯一

图 6-52　拉坯二

图 6-53　创意作品一

图 6-54　创意作品二

图 6-55　创意作品三

图 6-56　创意作品四

图 6-57　创意作品五

图 6-58　创意作品六

图 6-59　创意作品七

二、木质材料的使用技巧

（一）木质材料的本色变形

我们在这里不必熟知木质材料的品种，只从木质材料的外部形态感受木头的形态，并思考不同形态的木材如何应用。常见的木材形态有以下几种。

（1）木板——薄厚、软硬、纯木复合木各有不同。

（2）木棍——粗细、长短、外皮肌理、颜色各不相同。

（3）木片——薄厚、大小、肌理、颜色各不相同。

（4）木材其他形态——笔屑、树皮、筷子、冰棍棒、木箱、木盒、木桶、木瓶塞等。

根据这些形态，思考如何应用它们？用什么方法为孩子收集、提供这些材料？怎样引导孩子使用这些材料等问题。

（二）木材料的表现形式

图 6-60～图 6-67 所示为我们展示了木材料的多种表现形式。

图 6-60　利用树枝装饰一

图 6-61　利用树枝装饰二

图 6-62　木片画

图 6-63　木块立体装饰

图 6-64　树枝上的昆虫

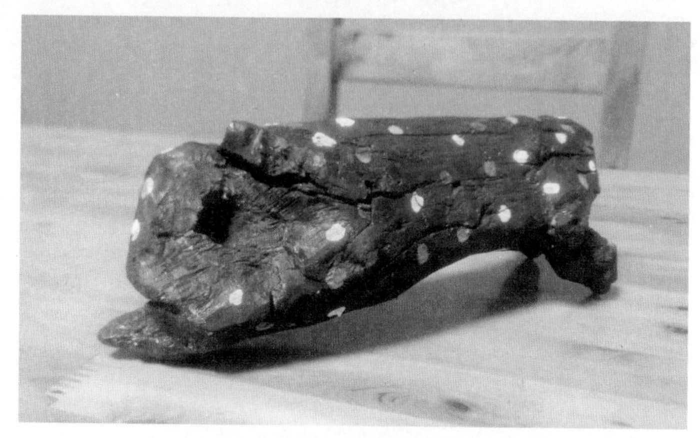

图 6-65　木头装饰《星空》

图 6-66　树干树枝装饰

图 6-67　木片装饰

三、水果蔬菜的使用技巧

用水果蔬菜或它们的下脚料进行艺术体验，从材料应用的角度讲，绝对属于有创意性的思考。也是最有趣最容易体验的过程。你不必关心创造出的形象如何保存，我们可以用相机和录像机记录保留孩子创作的过程和作品。如果你有过用蔬菜水果创作的经验，你会发现这个艺术活动特别有情趣，因为创作的整个过程中，都是在开放性的思维和气氛中行走，它不需要你有多高的艺术技巧，只需要你的联想力和探索实践的兴趣，作品的改动或再创造随心所欲，很容易实现，探索结果会使每个参与活动的人获得最大的成就感。

（一）利用外形创造

利用水果蔬菜的外形创造，需要创造者有丰富的视觉经验、很好的联想能力和实践操作能力。例如，看到西瓜就会想到足球，并且可以操作不同工具，想办法将西瓜变成足球。看到橘子会想到小橘灯，你会想办法在保证橘子外壳基本完好的情况下挖出橘子的肉，再将橘子壳镂空，点上一个小蜡烛，如图 6-68 所示。

图 6-68　葫芦娃娃

块状材料的应用

1. 单个形态联想

形态联想是使创造外显的最基本思维形式之一，它是真正创造力的前提，也是获得创造经验开发创造力的必须过程。在此过程中，我们要养成多角度观察实物的习惯，你会发现一个实物能够产生多个联想形象，如图 6-69～图 6-72 所示。

图 6-69　利用外形创造一

图 6-70　利用外形创造二

图 6-71　利用外形创造四

图 6-72　利用外形创造三

2. 多个形态组合

当需要将多个水果形态组合成新形象时(图 6-73 和图 6-74)，参与者会在脑子里构建出组合后的形态。这个过程需要一系列的假设和思考，如苹果和橘子组合可以制作什么形象？用什么工具和材料可以将两个水果组合起来？组合后需要加辅助材料吗？组合前需要将水果切开吗？加什么样的辅助材料？如果两个橘子组合可以产生同样的效果吗？换成其他水果会是什么效果等问题，这些问题的提出和思考解决的过程，就是提高各方面能力的过程。

图 6-73　利用外形创造五

图 6-74　利用外形创造六

（二）利用肌理和颜色创造

利用肌理和颜色创造是着重体现物质材料色、相价值的方法。我们从餐饮业的果蔬雕刻艺术中获得灵感，感悟到果蔬材料造型的可行性和创造空间，从某种角度看，果蔬造型比泥材料造型更有趣味性，更容易实现。

1. 利用颜色创造

蔬菜水果的颜色一目了然，人类对颜色的认知水平和经验能力远比造型能力早，因此利用材料的颜色创造不是太大的难题，图 6-75 和图 6-76 所示就是利用蔬菜颜色创作的作品。

图 6-75　利用形状和颜色创造一

图 6-76　利用形状和颜色创造二

用块状蔬菜制作

2. 利用肌理创造

利用肌理创造时重要的是对材料肌理的理解和创造性应用。这需要活动参与者首先对不同材料的肌理特点有丰富的认知经验，如柿子椒有肌理吗？怎样使用柿子椒能更好地诠释肌理？洋葱、西红柿、茄子、菜花、苹果、橘子等的肌理是什么样的？切洋葱的角度不同，它的肌理一样吗？图 6-77～图 6-79 所示为根据蔬菜肌理创作的作品。

图 6-77　利用形状和颜色创造三

图 6-78　菜花绵羊

图 6-79　黄瓜皮壁虎

任务四　块状材料在幼儿园中的生动应用

块状材料很多，有些常见、易收集、易改变形态的块状材料都可以用于手工教育活动。对于在活动过程中或区域活动中制作好的块状材料作品，可以放在角色区继续使用，如图 6-80～图 6-91 所示。

图 6-80　瓦块画

图 6-81　葫芦画

图 6-82　松塔制作的小鹿

图 6-83　木块装饰

图 6-84　松塔制作的小鸟

图 6-85　红薯块制作的小动物

图 6-86　石块房子

图 6-87　积木块拼色

图 6-88　木块

图 6-89　纸浆块作品

图 6-90　陶泥块机器人

图 6-91　黏土块制作

本任务没有将块状材料在幼儿园的应用具体分类。因为各种艺术表现形式既可以作为手工艺术活动的内容；也可以作为手工区域活动内容；还可以将两种活动产生的作品在环境装饰中再利用。

成品材料的艺术表达和应用

任务一　描述不同视角中的成品材料

在手工教育活动中使用的成品材料是指人工制造、多为实用性质的材料，如各种作用的包装材料、一次性容器、餐具等。由于成品材料的种类、形态、质地等繁多，不容易进行准确的描述，我们可以从成品材料的功能方面尝试了解一下这些使用性质很强的材料家族。

一、装饰功能的包装材料

装饰功能的包装材料要从包装的原始形态说起。原始形态的包装是在物品本身，以画(原始陶器舞蹈纹盆)、雕琢(九羊方尊)等工艺技巧，使物品本身不仅有实用功能，更有审美功能。有些物品因身上的纹饰彰显神物功能(如后母戊鼎)，主宰人们的精神。16 世纪末到 19 世纪工业化生产的出现，有些国家出现机器生产包装产品行业，自此，包装从实用与装饰结合的姿态，逐渐向美化、装饰过度。特别是现代包装设计，更注重人性化、美观化，使得包装材料的颜色(图 7-1)、形态(图 7-2)、质地，甚至价格(图 7-3 和图 7-4)等向极端化发展。从某种角度讲可能有些浪费资源，但从手工艺术教育课程材料的开发利用角度讲，这些包装设计给课程内容探索提供了更多的可能性。

图 7-1　颜色诱人的包装

图 7-2　造型诱人的包装

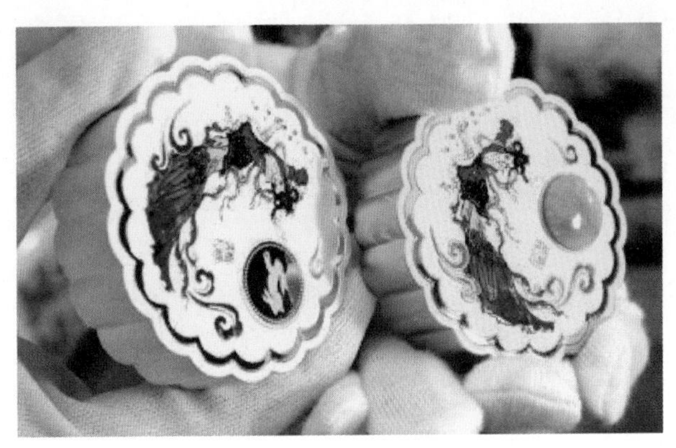

图 7-3 镶嵌玉石的月饼包装

图 7-4 世界最贵的巧克力包装

二、实用功能的包装材料

既然是包装材料，实用功能自然不可少，如蛋托（图 7-5）、家用电器包装等，都彰显出包装的实用性。这样的包装材料只为保护产品需要而生，对形态、颜色、质地并不注重。但却为手工艺术实践活动的再创造提供了更大空间（图 7-6 和图 7-7）。

图 7-5 蛋托

图 7-6 蛋托造型一

图 7-7 蛋托造型二

如果你愿意尝试，你可以根据不同形状的蛋托任意剪切、审视，会有更多的创意出现，根据这些剪切的创意，可以创造出很多形象。

任务二　成品材料的分类

一般根据材质对包装材料分类比较科学，下面对常见的包装材料进行分类。

一、纸质包装材料

纸质包装材料涉及的范围非常广泛，小到药盒、口红包装盒，大到冰箱、空调、钢琴的包装盒都能利用。还有酒类外包装、牙膏外包装、鞋盒、薯片筒、粗细不一的纸芯、纸盘子、纸杯子、纸蛋托等，所有纸质的有形材料都可以在此归类。如图 7-8～图 7-12 所示。

图 7-8　巧克力盒

图 7-9　茶叶筒

图 7-10　牛奶

图 7-11　包装盒

二、快餐具

快餐具是指纸质或一次性餐盘、餐碗、餐盒、杯子、筷子、刀叉等用具，如图 7-13～图 7-18 所示。

图 7-12　糖包装盒

图 7-13　纸杯

图 7-14　纸碗

图 7-15　一次性刀、叉、勺

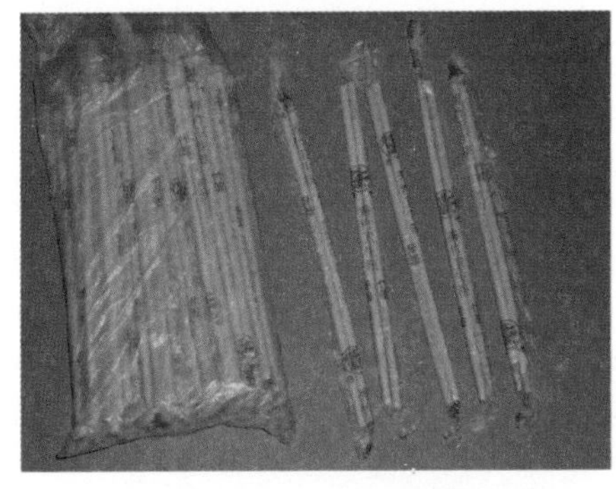

图 7-16　一次性筷子

图 7-17　一次性餐盒

图 7-18　一次性彩色餐盘

三、其他材料

有些材料更不容易归类，如气球、塑料袋、棉花或一些异形材料等（图 7-19 和图 7-20），因此将其放到其他材料中。

图 7-19　气球

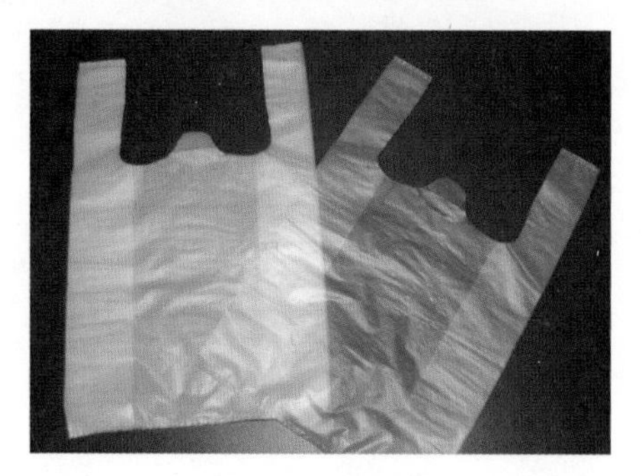
图 7-20　塑料袋

任务三　掌握成品材料的应用技巧

成品材料有可变形材料和不可变形材料两种。如纸质、铝制等材料比较容易剪切，因此容易改变固有形态，这样的材料更容易形成新的创意。而铁质、竹制、木质、玻璃等材质的成品材料，不能或不容易改变其原有形态，这样的材料应用起来再创造的可能性会比较有限，多用联想法、解构法等方法进行创意。

一、联想法

联想法是艺术活动过程中最常用的方法，特别是在综合材料的创意过程中，非常自然地会用联想法参与实践过程。特别是初次尝试利用成品包装材料创意的个体，用联想法创造形象的占 85%～95%之多。例如，在《纸杯的应用》艺术实践课程中，开始不给任何引导和讲解前，问学前专业在校学生：“如果给你们一个纸杯，你们利用手中的工具可以怎么创意？能制作出什么形象？”学生说出的结论有：可以制作笔筒、有把的杯子、茶壶、灯罩、台灯、听筒等形象。根据他们的结论分析：他们在无提示和引导的状态下，一般会用联想的方法创造形象。这种对生活经验的直接联想，不能体现出明显的创造意识和创造能力。

当提示学生可以利用杯子进行企鹅、小鱼、小鸟、风铃、很多四肢动物形象时，他们茅塞顿开，并总结出要学会从多个角度观察杯子，大胆创意才有可能创造出新颖的形象，如图 7-21～图 7-30 所示。

图 7-21　纸杯联想一

图 7-22　纸杯联想二

图 7-23　纸杯联想三

图 7-24　盒子联想创意一

图 7-25　盒子联想创意二

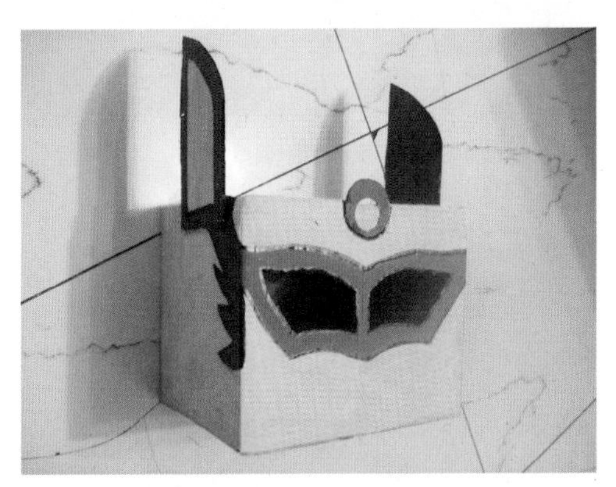

图 7-26　盒子联想创意三

图 7-27　盒子联想创意四

图 7-28　纸盘联想创意一

图 7-29　纸盘联想创意二

图 7-30　气球联想创意

简单地说，联想创意的技巧在于思考像什么的问题，即对照成品材料的形状与头脑中已有的物象建立联系，确定像什么以后，再用添加、装饰等方法，使两者外形更相似。

二、解构法

解构法是将纸质等可变性包装材料进行裁剪，使之在结构上改变原有的样子，创造性制作出与原有结构和特征相去甚远的形象。纸杯和纸盒解构创意作品如图 7-31～图 7-38 所示。

例如，用纸盒的棱角处结构制作面具。首先要将盒子裁剪掉一部分，使其保留需要的部分，然后用添加法将其变化成面具形象。

图 7-31　纸杯解构创意一

图 7-32　纸杯解构创意二

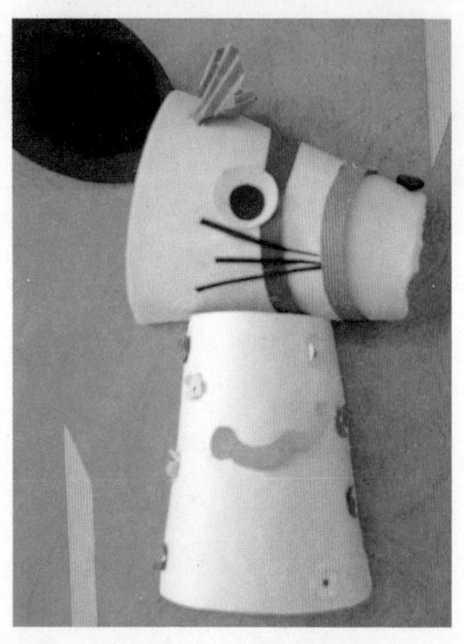

图 7-33　纸杯解构创意三

图 7-34　纸杯解构创意四

相对而言，解构法是最有创意的手工技法。其思维方式是将固有形态打碎，重新建立新的形象，这个过程不仅是思维方式的发散性，更需要手工技巧和艺术实践经验的支持。

图 7-35 纸杯解构创意五

图 7-36 纸杯解构创意六

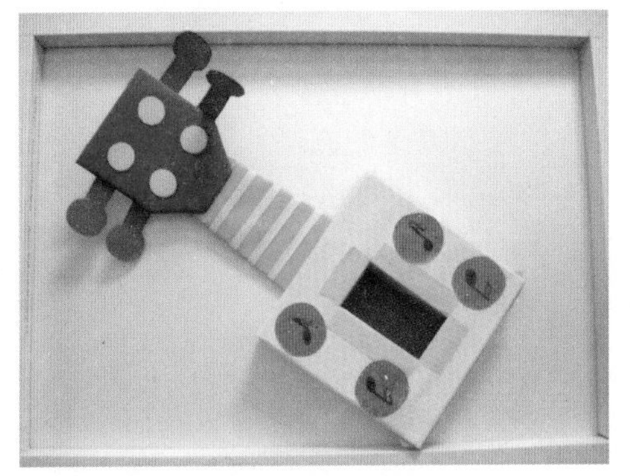
图 7-37 纸盒创意重组

图 7-38 气球解构创意

三、组合建构法

有人说重构法很像搭积木，就是把不同形状的木块搭建到一起，根据设计目标和形式不同，可以反复拆解搭建不同的新形象(图 7-39～图 7-41)。这种比喻不是很准确，尽管组合建构法也需要解构和重构的过程，但这个过程中需要审美能力的支持，而不是简单的多个原型的组建。同时，组合建构也是将形象放大的过程。

图 7-39 纸盒组合建构创意一

图 7-40 纸盒组合建构创意二

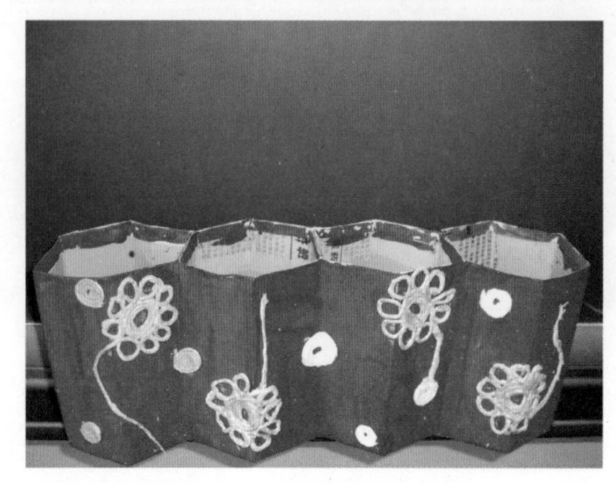

图 7-41　纸杯组合建构创意

四、装饰与添加法

装饰与添加是两个不可分割的创造手法，无论用画的方法还是制作的方法，最终目的是通过艺术活动表达审美能力。运用装饰与添加创作的作品如图 7-42～图 7-50 所示。

图 7-42　面具装饰法一

图 7-43　面具装饰法二

图 7-44　图片装饰法一

图 7-45　图片装饰法二

图 7-46 团纸作品

图 7-47 拨浪鼓装饰

图 7-48 纸盘装饰画

图 7-49 气球和塑料碗组合装饰

图 7-50 瓶子装饰

任务四 掌握成品材料在幼儿园中的应用

在幼儿园的环境装饰中，教师和幼儿会运用自己的智慧和灵巧的双手，将成品材料应用于艺术实践活动和环境装饰中。每一种应用都能表达创作者的审美选择和审美表达，其中有模仿性表达、替换性表达、扩散性表达、特征性表达和创新性表达。过程中参与者的思维与材料选择、结构重构不断重复组合，呈现出很多利用成品材料创意的作品，如图 7-51～图 7-93 所示。

图 7-51　吕屉装饰

图 7-52　椅子垫和葫芦装饰

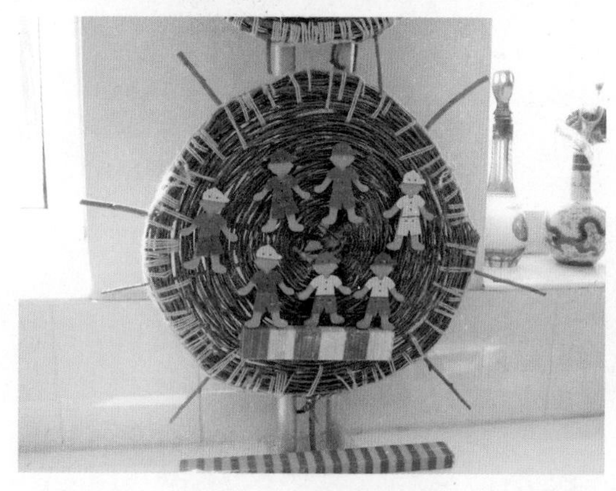

图 7-53　利用框盖创意

图 7-54　利用铁桶创意

图 7-55　玻璃瓶装饰

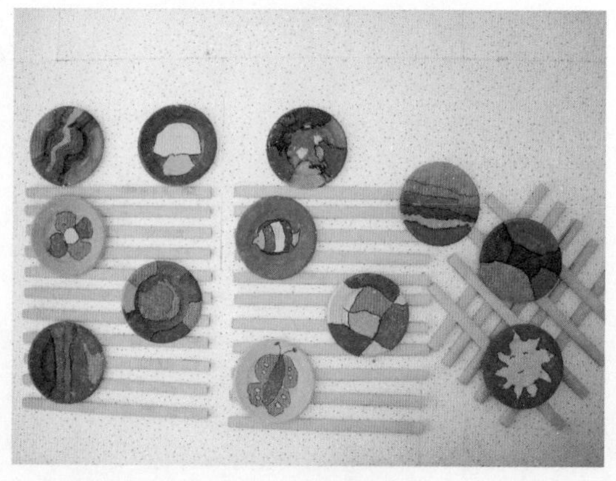

图 7-56　盘子装饰一

图 7-57　盒子装饰

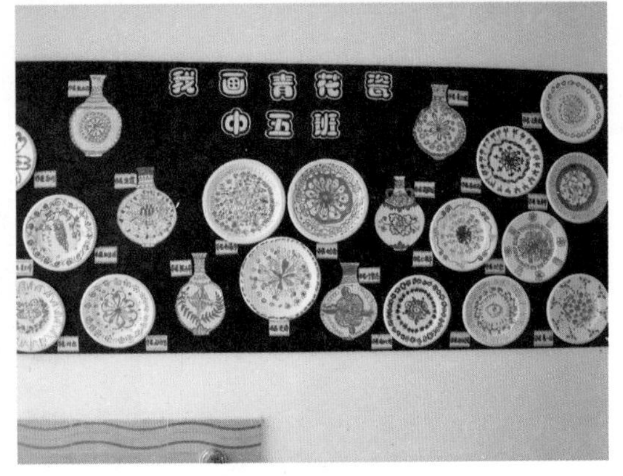

图 7-58　盘子装饰二

图 7-59　纸盘和泥装饰

图 7-60　纸箱装饰

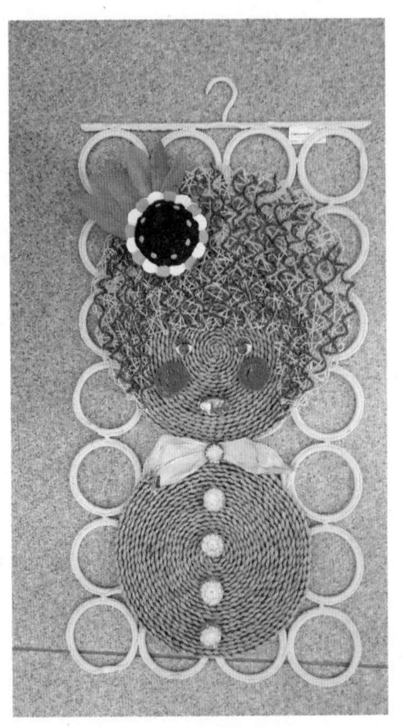

图 7-61　草垫装饰

图 7-62　利用管箩和芦苇创意

图 7-63　利用包装盒和扇子创意

图 7-64　葫芦装饰

图 7-65　布玩具装饰

图 7-66　纸盘和剪纸

纸盘制作装饰品

图 7-67　蛋托灯

图 7-68　利用自行车创意

图 7-69　草编装饰

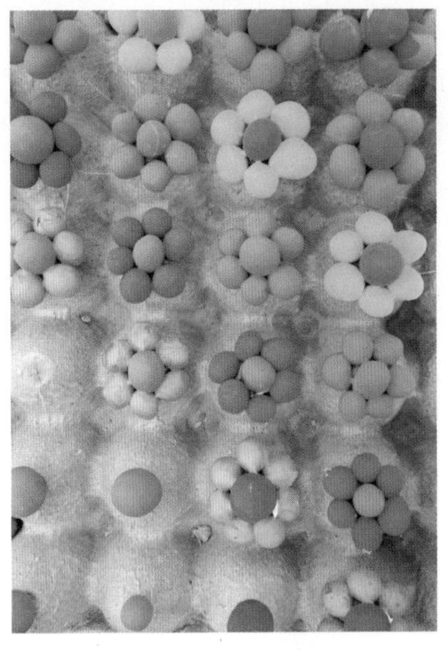
图 7-70　用蛋托和泥创意

图 7-71　利用瓜创意

图 7-72　利用杯子创意

蛋托制作装饰画

图 7-73　蛋托创意

图 7-74　木片创意

图 7-75　益智玩具创意

图 7-76　玉米粒创意

图 7-77　杯子创意

图 7-78　葫芦瓢创意

图 7-79　利用颜色和外形装饰五

图 7-80　稻草人创意

图 7-81 树枝创意

图 7-82 纸板创意

图 7-83 纸板蛋托创意

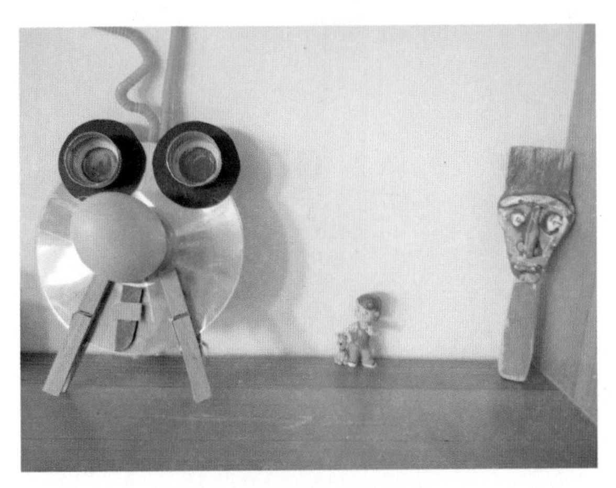

图 7-84 光盘刷子创意

图 7-85 纸板铁桶创意

图 7-86　纸板纸盒创意

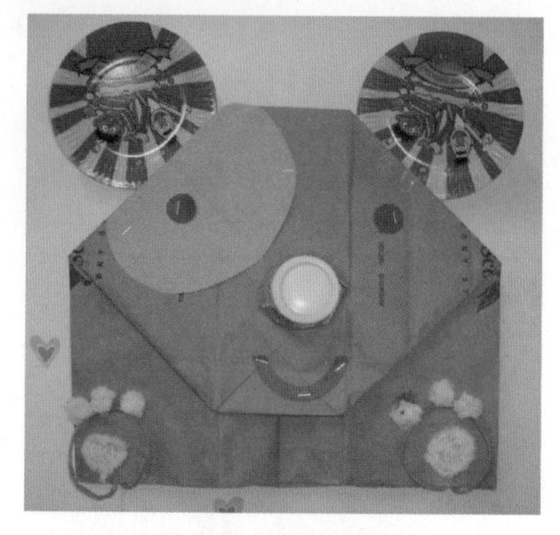

图 7-87　纸袋创意一

图 7-88　纸袋创意二

图 7-89　树叶创意

图 7-90　树枝树叶创意

图 7-91　瓶盖创意

图 7-92　纸板松塔创意

图 7-93　轮胎纸箱石头创意

儿童手工艺术教育课程是个非常复杂的工程，同时也是应该不断完善和系统化的工程。无论幼儿从事集体教育活动还是区域活动，教师都应该观察和了解幼儿相关能力的产生和发展规律、了解儿童心理与艺术表现之间的内在联系等。幼儿的艺术表现能力和艺术灵感，与儿童生活经验积累程度、与技巧水平及对材料的熟悉程度、与幼儿的情感及创造性的意识等有非常紧密的关系，而在所有的因素中，情感和思维的解放与自由最为重要。因为，当人的思维被解放、情感被激发之时，就是创造能力显现的时刻，而创造力的获得和发展，是人类教育的共同目标。

幼儿手工艺术教育的总目标也是对人类孩童时期创造力的激发和培养，正像罗恩菲德在《创造与心智的成长》中描述的那样："在艺术教育里，艺术只是达到目的的方法，而不是目标；艺术教育的目标是使人在创造过程中变得更有创造力，而不管这种创造力用于何处。"

参 考 文 献

[1] 陆红阳．装饰色彩．南宁:广西美术出版社,2003.

[2] 芭巴拉·荷伯豪斯,李·汉森．儿童早期艺术创造性教育．邓琪颖,译．南宁:广西美术出版社,2009.

[3] 幼儿园教师专业标准(试行)．教育部门户网站．

[4] 幼儿园教育指导纲要(试行)．教育部门户网站．

[5] 加德纳．艺术·心理·创造力．齐东海,等,译．北京:中国人民大学出版社,2008.

[6] Ann S. Epstein,Eli Trimis. 我是儿童艺术家——学前儿童视觉艺术的发展．冯婉梅,等,译．北京:教育科学出版社,2012.

[7] 陈帼眉．学前心理学．2版．北京:人民教育出版社,2015.

[8] 秦金亮．儿童发展概念．北京:高等教育出版社,2008.

[9] 刘丽新．综合材料工艺制作．北京:首都师范大学出版社,2010.

[10] 林琳,朱家雄．学前儿童美术教育．上海:华东师范大学出版社,2006.

[11] 孔起英．给幼儿园教师的101条建议·美术教育．南京:南京师范大学出版社,2008.

[12] 3～6岁儿童学习与发展指南．教育部门户网站．

[13] 孔起英．学前儿童美术教育．南京:南京师范大学出版社,2010.

[14] 刘丽新．手工．2版．北京:中国劳动社会保障出版社,2014.

[15] 弗兰克·惠特福德．包豪斯．林鹤,译．北京:生活·读书·新知三联书店,2001.

[16] 威廉·荷加斯．美的分析．杨成寅,译．桂林:广西师范大学出版社,2005.

[17] 罗恩菲德．创造与心智的成长．王德育,译．长沙:湖南美术出版社,2002.